国家社科基金一般项目"我国农民工市民化程度的综合评价及其比较研究"（项目号：14BTJ024）

从农民到市民转化中的统计测度研究

白先春 著

中国社会科学出版社

图书在版编目（CIP）数据

从农民到市民转化中的统计测度研究/白先春著 . —北京：中国社会科学出版社，2019.8
ISBN 978-7-5203-4845-4

Ⅰ.①从… Ⅱ.①白… Ⅲ.①民工—城市化—研究—中国 Ⅳ.①D422.64

中国版本图书馆 CIP 数据核字（2019）第 171448 号

出 版 人	赵剑英
责任编辑	刘晓红
责任校对	周晓东
责任印制	戴　宽

出　　版	中国社会科学出版社
社　　址	北京鼓楼西大街甲 158 号
邮　　编	100720
网　　址	http：//www.csspw.cn
发 行 部	010-84083685
门 市 部	010-84029450
经　　销	新华书店及其他书店
印刷装订	北京市十月印刷有限公司
版　　次	2019 年 8 月第 1 版
印　　次	2019 年 8 月第 1 次印刷
开　　本	710×1000　1/16
印　　张	14.25
插　　页	2
字　　数	221 千字
定　　价	79.00 元

凡购买中国社会科学出版社图书，如有质量问题请与本社营销中心联系调换
电话：010-84083683
版权所有　侵权必究

前　　言

城市化是人类社会发展的自然历史过程，狭义的城市化是指农业人口不断转变为非农业人口的过程。同西方发达国家相比，我国的城市化经历是由农业人口转变为农民工，再由农民工转变为非农业人口的过程，其转变过程更加复杂，城市化进程更具挑战性。1978年改革开放后，中国农村开始实行家庭联产承包责任制。家庭联产承包责任制提高了农民生产的积极性，带动了农业生产效率的大幅提高，促使农村剩余劳动力大量增加；同时，家庭联产承包责任制的发展带来的乡镇企业的发展，加以城乡收入的差距，促使农村剩余劳动力进入乡镇企业、城市与经济发达地区寻求新的工作机会，农村剩余劳动力开始了由农村到城市、由经济落后地区向经济发达地区的迁移，大批农村剩余劳动力进入非农部门工作，农民工群体由此诞生。农民工是世界工业化历史上的一个新概念，是中国在特殊的历史时期出现的一个特殊的群体。据国家统计局发布的《2018年农民工监测调查报告》显示：从农民工构成看，本地农民工11570万人，占比40.12%，外出农民工17266万人，占比59.88%。外出农民工中由于年龄、创业等因素，部分农民工会选择返乡，而另一部分通过自己打拼、政策引导，会选择扎根务工城市，成为城市中的"新市民"，完成了从"农民"到"市民"身份的转变。因而，农民工市民化包含本地市民化与异地市民化两个方面。

农民工异地市民化，不仅要解决他们的户籍和工作，更要解决深层次的问题。由于大城市特别是特大城市人口载荷的限制，城市基础设施发展的相对滞后，基于农民工群体的内部分化，素质较高的人群可以通过"积分制"等政策措施，率先实现其市民化。"市民"身份的获得，只是农民工市民化的表象，需要通过政策引导、市民参与等多种方式，实现农民工与城市的深度融合。文化调适是推进农民工市民化进程的突破口，也是实现市民化的重要标志。通过双向的文化调适，提高农民工享受城市文明和现代化发展成果、满足基本生存需求及各种不同层次需求的能力，从而达到完善和发展农民工的目标，只有加大农民工与城市双向调适的力度和层次，实现农民工和城市的有效融合，才能真正完成农民工市民化任务。

农民工本地市民化，必须以人为本，以科学发展观统领全局，通过产业结构升级、社会组织升级、消费方式升级、公共服务升级，有效解决农业、农村、农民问题，提升村民生活质量；科学规划城镇与农村新社区，促进城乡统筹，实现产镇互动、集约高效、生态宜居、和谐发展。主要要解决好五个问题：城镇如何规划、土地从哪来、村民往哪里去、保障如何实现、环境如何改善。解决五个问题的基本思路：产业向园区集中，土地向集约经营集中，村民向城镇和社区集中，土地经营权换保障，旅游资源开发促进生态文明。产业集聚园区，是吸纳富余劳动力与提高村民收入的最重要途径。通过产业园区的建设，一方面可以吸引优质项目资源入驻；另一方面可以吸纳从农村转移出来的劳动力。土地向集约经营集中，可以缓解新型城镇化建设用地扩张与指标不足之间的矛盾，并提高农村土地产出效率。村民向城镇和社区集中，使改善居住环境并提升村民生活质量成为可能，同时复垦的宅基地可以增加土地供给。土地经营权换保障，在驱动农村土地大规模流转的同时，更是村民进入城镇后获取生活保障的最稳定也是最可靠的手段。

新型城镇化之路也就是调结构、稳增长，加快形成经济发展新模式、促进社会经济持续健康发展之路，宗旨是"以人为本"，重点是"农民工市民化"。鉴于"农民工市民化"问题的复杂性，在农民工市民化进程中必然会遇到各种矛盾和问题，没有固定的格式和统一的模式可循。尽管如此，资金问题是实现农民工市民化所面临的突出问题，也是横亘在新型城镇化道路上必须突破的首要难题。相对而言，农民工本地市民化成本构成更为复杂，但由于城乡差距、地区差异，本地市民化与异地市民化成本在时空间并不具有完全意义上的可比性。

新型城镇化是以城乡统筹、城乡一体、产城互动、节约集约、生态宜居、和谐发展为基本特征的城镇化，是大中小城市、小城镇、新型农村社区协调发展、互促共进的城镇化。农民工市民化应本着"政府引导、农民自愿、逐步转变"的原则，切不可打着"新型城镇化"旗号，赶着农民"上楼"。据"搜狐网"通过对44000多名的网友开展的网上调查显示：尽管有52.42%的网民对取消农业户口持支持的态度，但有50.83%网民在回答"如果你是农业户口，户籍改革之后你会选择落户城市吗？"问题时，答案是"不会"。对于大多数农民工来说，农村土地、故土情结成为他们割舍不下的依恋。新一代农民工中很大一部分生长在城市、工作在城市，他们对农业生产、故乡山水较为陌生，其市民化的意愿较为强烈。随着农民工的代际更替，将会有越来越多的农民工自发地加入"新市民"的行列。

城市化在本质上是经济社会结构变革的过程，通过城乡间的产业融合、就业融合、环境融合、文化融合、社会保障融合、制度融合等，以期达到城乡居民共同富裕、共同发展、共同进步的目的。

目 录

第一章 绪论 ·· 1

    第一节 研究背景 ·· 1

    第二节 研究意义 ·· 5

    第三节 研究线索 ·· 7

    第四节 研究架构 ·· 9

第二章 农村劳动力基本情况分析 ·· 10

    第一节 概念界定 ·· 10

    第二节 农村劳动力状况分析 ··· 13

第三章 农村剩余劳动力规模测度 ·· 21

    第一节 农村剩余劳动力规模测度方法 ·· 21

    第二节 农村剩余劳动力的测算 ··· 31

    第三节 关于农村剩余劳动力转移问题的认识 ································· 39

第四章 我国农村剩余劳动力转移机理探讨 ······································· 41

    第一节 理论研究概述 ·· 41

    第二节 转移机理模型的构建 ··· 45

第五章　农民工市民化政策演变 ………………………………… 51
  第一节　相关概念界定 ………………………………………… 51
  第二节　有序推进农民工市民化 ……………………………… 55
  第三节　加快推进农民工市民化 ……………………………… 58

第六章　农民工群体特征分析 …………………………………… 62
  第一节　数量特征 ……………………………………………… 62
  第二节　结构特征 ……………………………………………… 65
  第三节　其他特征 ……………………………………………… 66

第七章　市民群体对农民工的认知度 …………………………… 78
  第一节　研究对象 ……………………………………………… 78
  第二节　对农民工认知度的影响因素分析 …………………… 82
  第三节　研究启示与不足 ……………………………………… 86

第八章　农民工市民化实现度研究 ……………………………… 88
  第一节　引言 …………………………………………………… 88
  第二节　评价体系的构建 ……………………………………… 94
  第三节　实证研究 ……………………………………………… 100
  第四节　研究启示与不足 ……………………………………… 105

第九章　农民工城市融入度研究 ………………………………… 109
  第一节　引言 …………………………………………………… 109
  第二节　农民工城市融入度测算 ……………………………… 111
  第三节　农民工城市融入影响因素研究 ……………………… 118
  第四节　研究启示与不足 ……………………………………… 126

第十章　农民工市民化成本测算 ………………………………… 129
  第一节　农民工市民化成本测算理论基础 …………………… 129
  第二节　农民工市民化成本测算 ……………………………… 134

  第三节　农民工市民化成本分担……………………………… 146

  第四节　研究启示与不足…………………………………… 152

第十一章　农村居民就地市民化研究……………………………… 155

  第一节　农村居民就地市民化意愿研究…………………… 155

  第二节　农村居民就地市民化成本测算…………………… 162

  第三节　农村就地市民化中地方政府决策行为…………… 167

  第四节　研究启示与不足…………………………………… 173

附　录……………………………………………………………… 176

参考文献…………………………………………………………… 207

第一章 绪论

第一节 研究背景

城市化（Urbanization），在我国多称为城镇化，作为人类社会发展的自然选择，不同国家或地区由于其历史渊源、地理环境、资源禀赋等方面差异，城市化进程起步时间、推进速度均表现出不同的特点。一般用城市化水平，即区域城市人口占总人口的比重来描述该区域的城市化进程，自1960年以来世界主要几个不同国家或地区城市化进程，如图1-1所示。

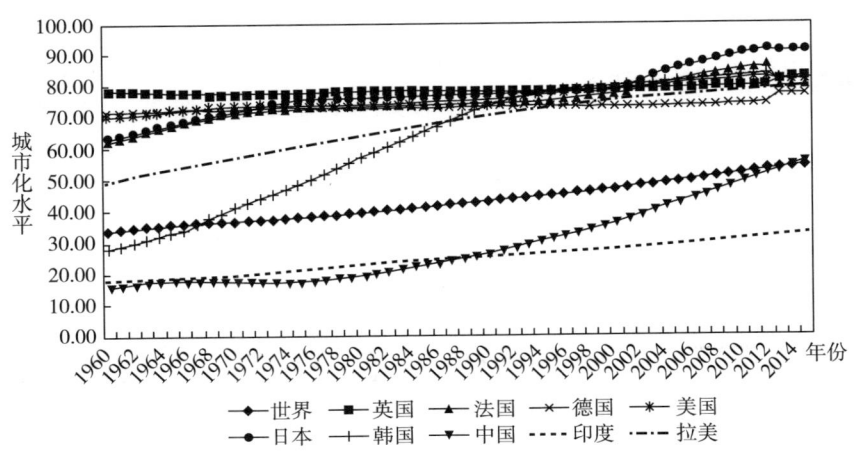

图1-1 1960—2015年世界几个不同国家或地区城市化进程

注：拉美含加勒比海地区。

资料来源：世界银行，http://www.worldbank.org/2017-01-20。

按照传统的城市化进程划分方式,城市化水平低于30%为城市化的初期阶段,30%—70%为中期阶段,70%以上为后期阶段。英国、德国、美国早在1960年之前已步入城市化的后期阶段,而日本在1968年、法国在1969年、韩国在1988年、拉美(含加勒比海地区)在1990年分别步入城市化的后期阶段。中国与印度分别于1994年、2008年步入城市化进程的中期阶段,中国自1989年城市化水平首超印度后,其推进速度远大于印度,2012年基本与世界城市化水平持平。各国不同城市化发展主要历程,如表1-1所示。

表1-1　　　　　　　不同国家或地区城市化主要历程

国家（地区）		基本国情	主要历程
西欧	英国	经济发达、资源丰富、资金充裕；市场体系完善、外来移民众多	工业革命前,长达几个世纪的农业革命、商业革命为城市化发展带来动力源泉,1700年英国住在5000人以上城市的人口比例为13%,至工业革命前夕,这一比例仅增长了2—3个百分点（王章辉,1992）；工业革命使英国的城市化得以迅速发展,从18世纪中后期到19世纪中期近100年,城市化水平由20%提高到51%,1911年达到78.1%,成为世界上第一个实现城市化的国家（纪晓岚,2004）
	法国		法国的城市化始于1830年,城市化水平约为10%；1830—1850年每年约有4万—5万人迁往城市；1856—1866年,平均每年达到13万人；1919—1931年平均每年有8万多农村人口迁往城市；1931年城市化水平达到51.2%,基本实现城市化；1960年城市化水平达到61.9%
	德国		德国的城市化始于19世纪初,1840—1871年为城市化迅速发展阶段,至1895年城市化水平达到50.2%,1910达到60%,仅次于英国（邢来顺,2005）；第二次世界大战后,在政府和市场的双重推动下,至1960年城市化水平达到71.4%

续表

国家（地区）		基本国情	主要历程
美国		经济发达、市场体系完善、外来人口众多，自然与社会环境优越	1830年以前美国处于农业经济时代，为城市化的准备阶段，1800年城市化水平为6.1%，到1830年只有8.8%；城市化起步于19世纪30年代，至1880年城市化水平达到26.4%；1880—1950年为城市化的加速发展阶段，1920年城市化水平为51.2%，1950年达到64%；此后进入城市化的成熟阶段，20世纪70年代以后，美国已进入高度城市化社会（汪冬梅，2003）
拉美地区[①]		人均资源相对较多、土地分配严重不均、教育水平低、本土文化受宗主国的影响较大	19世纪后期，城市化主要以初级产品出口为动力，欧洲移民涌入，各国首府城市得到显著发展。20世纪30—70年代是拉美国家进口替代工业化时期，城市化也得到快速发展，1920年城市化水平达到22%，1950年达到41.8%；由于大量农村人口向城市集聚，20世纪70年代开始，大城市的人口每10年翻一番，70年代中期，城市化水平达到60%，1990年为71.9%（孙鸿志，2007）。截至2010年，拉美有五个国家超过美国城市化水平（82.1%），十个国家超过欧洲城市化水平（72.8%）
亚洲	日本	人多地少、资源稀缺、资金充裕、经济发达	1868—1920年为城市化的准备阶段，以农业为主；1920—1950年为城市化的初始阶段，城市化水平由1920年的18%提升到1940年的35%；受第二次世界大战影响，城市化出现反复与震荡，随着经济复苏与高速增长，城市化进入高速发展阶段（1950—1977年），城市化水平由1950年的37%上升到1977年的76%。此后，进入城市化的平稳发展阶段（汪冬梅，2003）
	韩国	地狭人稠、自然资源匮乏、经济发达	20世纪30年代至1945年为城市化的起步阶段，韩国经历日本的殖民统治，1945年城市化水平达到11.6%；1945—1960年，由于受战争的影响，为韩国城市化的非正常发展时期，至1960年韩国的城市化水平达到28.3%；1960—1990年为城市化的高速发展时期，伴随着快速工业化进程，城市化水平快速提升到1990年的73.8%，此后进入高度城市化阶段（李辉等，2008）

续表

国家（地区）		基本国情	主要历程
亚洲	印度	人口基数大、经济欠发达、贫困人口多，自然资源较为丰富	1920年之前，动力来源于农业发展与第三产业商业交易，城市化水平维持在10%左右；1921—1947年，由工业发展推动城市化水平提高较快；1947年印度独立，由民族工业和信息技术推动城市化发展，至1960年城市化水平达到17.9%；印度城市化总体而言，推进速度较慢，至2012年印度城市化水平只有31.7%
	中国	人口基数大、人均资源占有量少、人口素质偏低、生态环境形势较为严峻	1949—1957年为中国城市化起步阶段，城市化水平由1949年的10.6%上升到1957年的15.4%；1958—1978年，中国走的是一条非城市化甚至是逆城市化的工业化道路，城市化水平由1958年的16.3%微升到1978年的17.9%；1978—1997年为城市化的稳步发展阶段，城市化水平逐步上升到1997年的29.9%；1998年以后为城市化的快速发展阶段，到2011年城市化水平达到50.5%

注：①拉美地区包括巴西、委内瑞拉、哥伦比亚等国家，下同。

一般将城市化水平为10%看作一个国家或地区城市化的起步点。由表1-1可知，英国城市化起步最早，其次是德国，法国的城市化从1830年开始起步，美国比法国起步稍晚，至1830年美国的城市化水平只有8.8%，拉美地区、日本的城市化起步于19世纪后期；印度起步于20世纪初期，韩国、中国起步于20世纪40年代，相对而言韩国城市化起步时间稍早于中国。

若以一国或地区城市人口超过乡村人口作为基本实现城市化的依据，则英国在1850年、德国在1895年、美国在1920年、法国在1931年、日本在1955年、拉美（含加勒比海地区）在1961年、韩国在1977年、中国在2011年基本实现城市化。

不同国家或地区在城市化的同一阶段发展速度也是不一样的。从城市化水平为32%左右提高到超过50%，英国用了半个世纪，德国用了1/4个世纪，美国用了1/3个世纪，法国用了半个多世纪（计翔翔，1992）。欧洲城市化水平从40%提高到60%，用时50年，而拉美国家仅用25年。城市化水平从20%提高到40%，韩国只用了20年，而经历相同发展阶段的英国用了120年，美国是40年，日本是30年，中国是23年。从1960年到2012年，印度的城市化水平只提升了13.7%，同期，世界平均城市化水平提升了19.1%，中国提升了35.6%，拉美（含加勒比海地区）提升了30.1%。

由此可以看出，相较于世界其他国家或地区，中国的城市化虽然起步较晚，但发展速度较快。目前，已基本达到世界城市化平均水平。然而，中国近年来的快速城市化之路，在部分地区一定程度上脱离了基本国情，产生了诸多矛盾和问题，如：①城乡差距、贫富差距较大，基本公共服务与资源没有实现均等化的配置；②大城市的过度扩张与小城镇和乡村的衰落并存；③"城市病"现象比较明显，城镇发展与生态环境之间的矛盾日益突出（王海英等，2014）；④土地城市化快于人口城市化。同时，"半"城镇化现象较为突出，如2012年，我国常住人口城镇化水平为52.6%、户籍人口城镇化水平为35.3%，两者相差17.3个百分点。

党的十八大明确坚持走中国特色新型城镇化道路，十八届三中全会进一步明确："坚持走中国特色新型城镇化道路，推进以人为核心的城镇化。"新型城镇化的核心是人的城镇化，重点是解决农业转移人口的"半城镇化"问题，对于当前中国的城镇化来说就是农民工的市民化问题（辜胜阻，2013）。国家统计局2016年2月29日发布的《2015年国民经济和社会发展统计公报》中的有关数据显示，目前我国全国农民工总量27747万人，比上年增加352万人，增长1.3%。农民工数量庞大且仍在不断增加，毋庸置疑的是在农民工数量增加的同时，部分农民工通过努力已成为城镇里的"新市民"，完成从"农民"到"市民"的身份转变。目前迫切需要一套科学的评价体系跟踪农民工市民化进程，明确非制度性因素对农民工市民化所产生的障碍，从而使农民工市民化政策出台、制度安排，具有合理性、前瞻性和科学性。

第二节 研究意义

改革开放以来，由于农村家庭联产承包责任制的实行，极大地激发了农民的生产积极性，加上农业生产技术进步、劳动生产率的提高，农村人多地少的矛盾逐渐凸显，加之农村非农产业发展的相对滞后，只能消化很小一部分农业剩余劳动力，导致广大农村地区存在大量的剩余劳动力。由于农民对增加家庭收入的渴望、农业与非农业收入的差距，使广大农民由从事农业的单一经营向多种经营转移、由从事的农业产业向非农产业转移、由农村向城镇转移的局面。由于我国特殊的城乡二元结构，我国农村剩余劳动力的转移需分"两步"完成，第一步以"农民工"身份由从农业部门向非农部门转移，第二步已离开农业生产部门的农民工向城市居民身份的转移，因此农民工只是农村剩余劳动力转移的第一步。

对农民工问题的认识经历了一个不断深化的过程，其认识历程大致可分为三个阶段："管治、限制，以防范为主"阶段（改革开放至2003年）、"积极引导，保障权益，探索市民化"阶段（2003—2012年）、"公共服务均等化，大力推进市民化"的"双化"阶段（2012年至今）。

一 "管治、限制，以防范为主"阶段（改革开放至2003年）

改革开放后，农村剩余劳动力开始大量出现，开始的政策基调是允许农民工进城务工、经商、办服务业，消除农民"离土"的限制，允许农民"离土不离乡，进厂不进城"。这一阶段的城镇化政策是"控制大城市规模，合理发展中等城市，积极发展小城市"。21世纪后，国家要求通过改革小城镇户籍管理制度，引导农村人口向小城镇有序转移。在此期间，政府对农民工的管理存在明显的"接纳贡献性"与"排斥参与性"的取向。在这种观念主导下，政府对农民工采取的主要是管治、限制、防范为主的政策，始终都是注重如何管理和控制他们，使之避免对城市造成大的冲击。

二 "积极引导，保障权益，探索市民化"阶段（2003—2012年）

党的十六大、十六届三中全会决议对农民工流动问题的政策导向发生了积极的变化，对农民工流动和就业问题作了总体部署，引导农民工合理有序流动，逐步实现城乡劳动力流动的一体化。中央提出了对农民工进城务工就业实行"公平对待，合理引导，完善管理，搞好服务"

的方针，此后，在清理与取消针对农民工进城就业的歧视性规定和不合理收费、简化跨地区就业和进城务工的各种手续、保护农民工合法权益等方面出台了一系列政策。该阶段的城镇化战略是"坚持大中小城市和小城镇协调发展"。

三 "公共服务均等化，大力推进市民化"的"双化"阶段（2012年至今）

2012 年国务院发布《国家基本公共服务体系"十二五"规划》，将农业转移人口的地位提升到一个全新水平，为后续政策推进奠定了坚实的物质基础和良好的制度条件。当前的城镇化战略是"以大城市为依托，以中小城市为重点，逐步形成辐射作用大的城市群，促进大中小城市和小城镇协调发展"，党的十八届三中全会提出"推进农业转移人口市民化，逐步把符合条件的农业转移人口转为城镇居民。加快户籍制度改革，全面放开建制镇和小城市落户限制，有序放开中等城市落户限制，合理确定大城市落户条件，严格控制特大城市人口规模"。

随着对农民工问题认识的不断深入，"农民工市民化"问题引起人们的关注，并逐步成为研究的热点。通过对农民工群体形成与演化研究，从历史与逻辑上加深对农民工群体的特点、诉求和趋势的把握；通过对农民工市民化进程测度方法研究，从理论上揭示影响市民化进程的关键因素及相互作用的机理，创新农民工理论的研究角度和思路，形成新的研究框架和成果。通过实证研究，有利于发现农民工市民化进程中所面临问题的主要影响因素乃至症结所在，了解和掌控农民工市民化的实际进程，为农民工市民化相关政策的出台提供决策参考，对我国经济发展和城镇化发展政策的实际效果验证提供重要的实证依据。

第三节 研究线索

（1）为客观反映农村新型城镇化推进现状及村民城镇化意愿，2014 年 3 月赴安徽省蚌埠市淮上区曹老集镇开展调研工作，采用分组抽样调查方式，在曹老集镇发放调查表 1600 份，回收 1497 份，剔除无效调查表 39 份，得到实际有效调查表 1458 份。通过调研，形成研究报告《蚌埠市曹老集镇新型城镇化推进方案》，研究论文《新型城镇化：发展现状、推进成本与融资策略——基于皖北 A 建制镇的调查研究》（发表于《中国行政管理》2015 年第 10 期）、《农村居民个体特征对其就地城镇化意愿的影响——基于安徽省的调查》（发表于《江苏农业科学》2017 年第 1 期）、农村新型城镇化进程中的地方政府行为（发表于《税务与经济》2006 年第 1 期）、我国农业转移人口市民化研究综述（发表于《西北农林科技大学学报》（社会科学版）2016 年第 2 期）。

（2）为全面认识农民工市民化现状，研究农民工市民化的主要影响因素，分别在 2015 年 1 月与 7 月，利用寒暑假期，组织本科生、研究生计 20 余人次，奔赴江苏 13 个省辖市进行调研，共发放调查问卷 1600 份，回收 1460 份，剔除无效调查问卷，得到实际有效问卷 1358 份，占回收问卷的 93.01%。最终形成硕士学位论文《江苏省农民工收入现状及其影响因素研究》《江苏省农民工市民化现状及影响因素研究》《江苏省农民工市民化成本测算及分担方式研究》，完成 2015 年全国大学生统计建模大赛作品《江苏省农民工收入现状及其影响因素调查研究》，并获得市场调查分析类（研究生组）二等奖。

（3）完成 2015 年大学生创新创业训练计划省级立项重点项目"1995 年前出生的"流动"与"留守"儿童发展现状的差异性研究"，以及一般项目"不同市民群体对外来务工人员认知度的比较研究——来自江苏的调查"。两课题于 2015 年暑假开展调研工作，于 2016 年 5 月完成课题研究。前一课题通过走访家庭、学校、工厂，访谈 65 位 1995 年前出生的具有"流动"与"留守"经历在校大学生、工厂务工人员以及他们曾经的监护人；后一课题在江苏分别选取了南京、无锡、苏州、扬州、南通、宿迁、徐州、连云港 8 个城市，发放问卷 110 份，计 880 份，回收 853 份，剔除无效调查问卷，实际有效问卷为 800 份，占回收问卷的 93.79%。

（4）在前期开展研究的基础上，为对农民工市民化实现度进行深入分析，课题组进一步凝练指标、修改与完善调查提纲，2016 年 7 月对在南京市区务工的农民工市民化情况进行试调查，8 月分别在南京市区、苏州市区、连云港市区进行正式调查，发放问卷 1500 份，回收问卷 1488 份，有效问卷 1456 份，问卷有效率 97.07%；完成访谈 18 份。

最终形成硕士毕业论文《江苏省农民工市民化实现度指标体系构建与测算》《举家迁入江苏省的农民工城市融入问题研究》。

第四节 研究架构

本书框架结构，如图 1-2 所示。

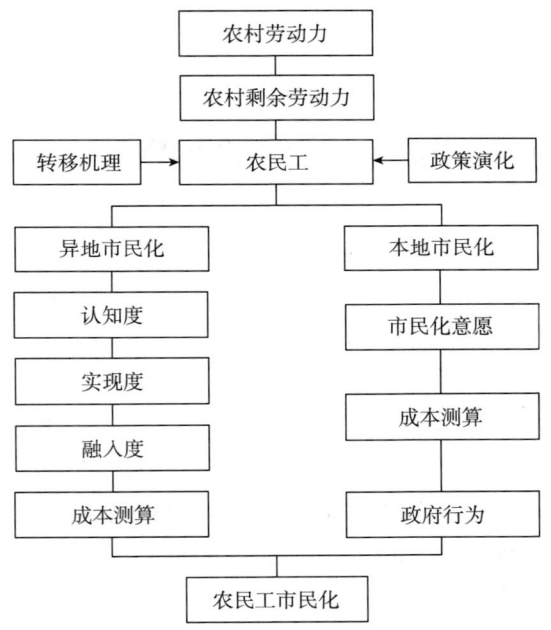

图 1-2 框架结构

第二章 农村劳动力基本情况分析

第一节 概念界定

一 劳动力

劳动力是指人的劳动能力,即人们在生产劳动中体力和脑力的总和。马克思说:"我们把劳动力或劳动能力,理解为人的身体,即活的人体中存在的,每当人生产某种使用价值时就运用的体力和智力的总和。"可见,劳动力包括了两方面的内容:一是劳动者的体力——劳动者的身体可以提供的力量和耐力;二是劳动者的智力——劳动中的理解力、创造力和判断力等。在研究劳动力转移时还要注意劳动力的数量和质量,劳动力的结构。其中,劳动力的数量主要是由劳动年龄、人口决定的。各国对劳动人口年龄的上限和下限都做了明确的规定,大多数国家将劳动年龄定为15周岁至60周岁或至65周岁。我国规定,男16周岁至60周岁、女16周岁至55周岁为劳动力适龄人口。劳动力的质量取决于劳动者在生产中所利用的知识和技能,而劳动力的结构包括年龄结构、就业结构和文化结构。国家统计局将劳动力界定为"经济活动人口",即指在16周岁以上,有劳动能力,参加或要求参加社会经济活动的人口;包括从业人员和失业人员。从业人员这一指标反映了一定时期内全部劳动力资源的实际利用情况,是研究我国基本国情国力的重要指标之一。[①]

---

① 国家统计局:《从业人员和职工工资》,国家统计局网,http://www.stats.gov.cn。

根据《国务院关于统计上划分城乡规定的批复》（国函〔2008〕60号）和国家统计局《关于统计上划分城乡的暂行规定》①，城镇包括城区和镇区。城区是指在市辖区和不设区的市、区、市政府驻地的实际建设连接到的居民委员会和其他区域。镇区是指在城区以外的县人民政府驻地和其他镇，政府驻地的实际建设连接到的居民委员会和其他区域。农村是指本规定划定的城镇以外的其他区域。农村劳动力是在农村范围内的劳动力，其中不仅包括农业劳动力，也包括从事第二、三产业的劳动力，本书将此部分劳动力定义为"农村劳动力"。

在我国广大农村地区，大批青壮年劳动力长期外出打工，将繁重的农业劳动及子女的照顾留给了家中父辈甚至是祖父辈，他们虽然年龄偏大（60周岁以上），被统计为劳动力的"编外人员"②，但他们确实作为一个或低于一个劳动力一直从事着农业生产。基于此，本书将农村劳动人口年龄界定为：18周岁至64周岁（不分男女）农村劳动力为一个"整"劳动力，16周岁至17周岁以及65周岁及以上具有劳动能力的人（不分男女）为一个"半"劳动力。

二　农村剩余劳动力

农民工主要源于农村剩余劳动力。一般来说，理论界对农村剩余劳动力的定义归纳起来主要有以下六种：

第一，传统的农村剩余劳动力定义。农村剩余劳动力是劳动生产率等于或接近于零，从农业部门转移出去而不会减少农业总产量的那部分农村劳动力。这一定义在经济学界曾引起激烈争论。

第二，农村剩余劳动力是农业劳动力的供给量和社会需要量之差。这一定义忽视了农户是从自身利益最大化的角度出发作出转移决策这一事实的，过分强调了社会对农业劳动力的需要量。另外，社会对农业劳动力的需要具有动态性，而此定义却以静态观点加以测定。因此，学术

---

① 国家统计局：《关于统计上划分城乡的暂行规定》，国家统计局网，http://www.stats.gov.cn。

② 国家统计局关于农村"整、半劳动力"的定义：整劳动力指男子18周岁到50周岁，女子18周岁到45周岁；半劳动力指男子16周岁到17周岁，51周岁到60周岁；女子16周岁到17周岁，46周岁到55周岁，同时具有劳动能力的人。

界很少用其作为农村剩余劳动力的判定标准。

第三，农村剩余劳动力是边际收益低于非农业劳动力的农业劳动力。从这一定义看，农村是否有劳动力剩余，实际上是比较农民务农的收入与从事其他非农产业工作收入的高低。这种定义是从动态角度来对农村剩余劳动力加以描述的，但是以农民拥有自由选择其他非农产业的空间为条件的，但这一前提在现实中并非完全具备。因此，这一判断标准容易高估剩余劳动力数量。

第四，当一个国家（地区）农业劳动者人均耕地面积长期呈下降趋势时，该国（地区）存在农业剩余劳动力。这一定义虽对农村剩余劳动力提出了全新的判断标准，但由于它更多地借助于农业劳动力与耕地面积的关系而非劳动力要素本身的特点来界定，所以严格来说它不是农村剩余劳动力的定义，只是提供了一种判断农村剩余劳动力的思路。

第五，农村剩余劳动力是与劳动力资源实现最佳配置后的状态相比而言的农业中的多余劳动力。这一定义从经济人角度出发，把单个农户看成经济人，它作出最优决策进而推算农村剩余劳动力，这一点与实际比较吻合；但由于通过测定单个经济人最优决策而形成的家庭剩余劳动力，进而测定一个地区、一个省、一个国家的农村剩余劳动力难度非常大，所以这一方法在实际应用中作用其实并不大，而是具有更多的理论意义。

第六，农村剩余劳动力是那些离开农村或必将离开农村的剩余劳动力。定义中"必将离开农村的剩余劳动力"难以用合适的标准加以判定，而且已经离开农村的劳动力也不稳定，农民工回流的现象并不鲜见。所以，这种定义对于测定农村剩余劳动力的理论指导意义不大。

总之，农村剩余劳动力，是指超过农村产业需求的那部分劳动力。实际上农村剩余劳动力是一个相对的概念，而且要用动态的眼光去看它，它会随着外在条件如机械化与自动化水平、科学技术、可耕土地面积等变化而发生变化。

这些定义角度有异，但都从不同侧面反映了"剩余"的概念。农村劳动力的"剩余"是相对的，而不是绝对的，剩余出来的劳动力在农村地区、在一定条件下是可多可少的。

第二节　农村劳动力状况分析

根据前述对劳动力的界定，结合第六次全国人口普查资料和 2015 年全国 1% 人口抽样调查资料，从劳动力的数量、结构、受教育程度与转移量等方面，分析我国农村劳动力的基本状况。

一　农村劳动力数量分析

在农村，由于劳动力的数量限制和农业劳动的性质，即使是 65 岁以上的老龄人也要承担并且能够承担简单的农业劳动，因此农村中失业人口相对很少，几乎不存在，其就业人口与经济活动人口差距很小。由于农村家庭承包制基本可以保证每个人拥有一块责任田，农村劳动力要么在非农产业就业，要么可以被视为农业就业，失业率很低，因此可以将农村就业人口与经济活动人口视为相等（蔡昉，2004）。以农村就业人口数代替农村劳动力，借此分析农村劳动力的现状特征。

2010 年与 2015 年全国及各地区农村劳动力数量对比情况，如表 2－1 所示。

表 2－1　　2010 年与 2015 年全国与各地区的农村劳动力数　　单位：人

地区	2010 年	2015 年	地区	2010 年	2015 年
全国	403323670	504653700	河南	34692794	37424100
北京	1544249	2483700	湖北	18306472	21688900
天津	1558154	2300300	湖南	21851254	26551000
河北	25441028	30715900	广东	17437749	26011000
山西	10385676	12967600	广西	15824828	19821400
内蒙古	6988473	8920000	海南	2433547	3128300
辽宁	11149988	13669200	重庆	7376649	9583100
吉林	8365829	12510100	四川	32868172	38816500
黑龙江	10308920	14810900	贵州	12252217	14127200
上海	1553871	2745100	云南	19290262	25150800
江苏	20271921	24671300	西藏	1161853	2136200

续表

地区	2010年	2015年	地区	2010年	2015年
浙江	13325858	16751900	陕西	12876552	14317900
安徽	18397593	26328300	甘肃	10459871	12767200
福建	8839152	10819400	青海	1823680	2291300
江西	14370040	17589700	宁夏	1890363	2408000
山东	33003004	41262100	新疆	7273652	9885400

资料来源：《中国2010年人口普查资料》和《2015年全国1%人口抽样调查资料》，并根据抽样比进行调整，下表同。

由表2-1可知，从数量上看，2015年全国农村劳动力数量为50465万人，比2010年增长了10133万人，各地区的农村劳动力数量均有所增加。农村劳动力人数超过千万的有21个地区，占比67.74%；低于千万的有10个地区，占比32.26%。西藏的农村劳动力人数最少，只有214万人，这与该地区人口总量少有关；上海、北京、天津三个直辖市由于经济发展水平、城市化程度较高，其农村劳动力人数也较少，均在250万人左右；河南作为我国的农业大省，2010年其农村劳动力人数最多，达到3469万人，而2015年山东成为农村劳动力人数最多的地区，达4126万人。可见，我国地区间农村劳动力数量差异较大。

各地区农村劳动力数量占全国农村劳动力总量的比重，如图2-1所示。

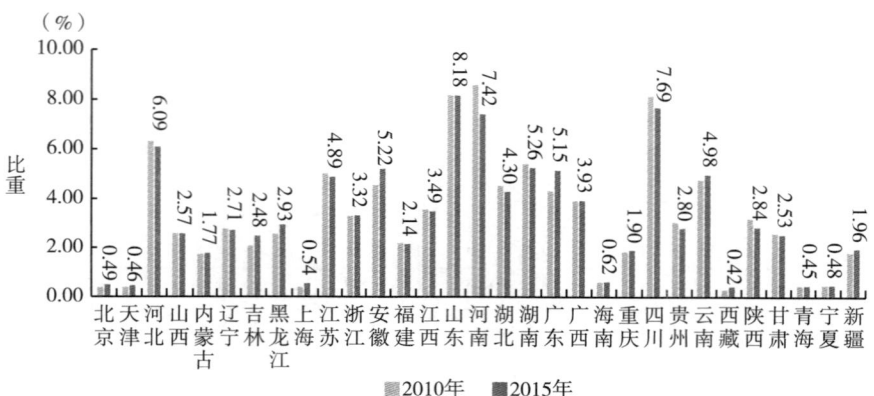

图2-1 2010年与2015年各地区农村劳动力数量占全国农村劳动力总量的比重

由图 2-1 可知，从时间上来看，2015 年与 2010 年相比，农村劳动力数量占全国劳动力总量的比重，上升的地区有 17 个，其中增幅最大的地区为广东，比重增加了 0.83 个百分点；下降的地区有 14 个，其中降幅最大的地区为河南，比重下降了 1.18 个百分点。从空间上来看，2015 年比重低于 1% 的有西藏、北京、天津、上海、青海、宁夏和海南 7 个地区；比重超过 5% 的有河南、广东、山东、四川、河北、湖南和安徽 7 个地区，其中比重最大的是山东 8.18%，最小的是西藏 0.42%。地区间农村劳动力数量在时间、空间所表现的差异性，主要与地区经济发展水平、城市化程度、地理位置和人口总量等因素有关。

二 农村劳动力结构分析

研究劳动力剩余或是转移问题还应该关心劳动力的结构，包括性别结构和年龄结构等。从社会需求来说，不同行业、不同单位对劳动力的性别要求不同，有的重男，有的重女，还有的注重男女的协调；从生理角度来看，由于性别的差异造成社会分工的差异也是存在的，尤其在农村更为明显。同时，年龄的不同也对劳动力本身及其可能从事的工作形成差别。年轻的劳动力获得工作的机会在某些程度上比年纪大的劳动力要多，其工作能力和精力也相对较高。

（一）性别结构

2015 年，我国男性、女性农村劳动力人数分别为 28250 万人、22215 万人，比 2010 年分别增加 6533 万人、3600 万人，男性农村劳动力增加幅度大于女性。农村劳动力性别结构情况，如图 2-2 所示。

由图 2-2 可知，2010 年、2015 年农村劳动力中男性占比分别为 53.85%、55.98%，农村劳动力中男性人数相对占优，其性别构成存在一定差异。

分地区来看，2010 年、2015 年全国 31 个省（自治区、直辖市）农村劳动力男女性别比均超过 1，即男性多于女性，且男性农村劳动力占比均有所增加。2015 年性别比较小的三个地区是西藏、山东和四川，分别为 1.14、1.15 和 1.16；性别比较大的三个地区为北京、山西、上海，分别为 1.72、1.69 和 1.65。具体如图 2-3 所示。

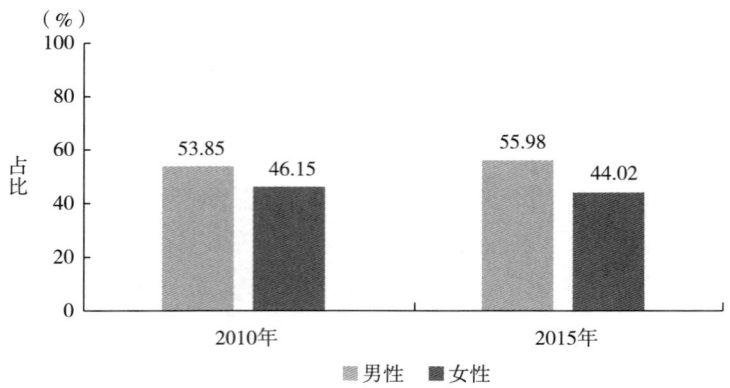

图 2-2 2010 年与 2015 年农村劳动力性别构成

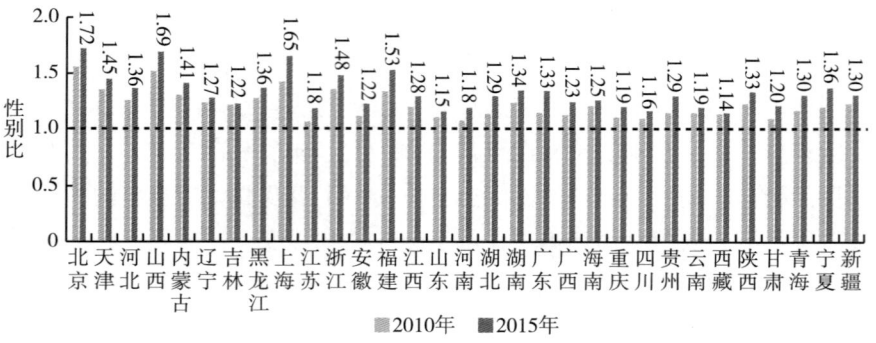

图 2-3 2010 年与 2015 年各地区农村劳动力性别比（女性 = 1）

（二）年龄结构

2010 年、2015 年不同年龄段、分性别农村劳动力数量情况，如表 2-2 所示。

由表 2-2 可知，2010 年农村劳动力主要集中于 35—49 周岁年龄段，占比达到 38%；而 2015 年主要集中于 40—54 周岁年龄段，占比同样达到 38%。与 2010 年相比，2015 年农村劳动力人数增加较多的年龄段是 45—49 周岁和 50—54 周岁，分别增加 2364 万人、2346 万人；虽然 2015 年大部分年龄段的劳动力人数有所增加，但 16—19 周岁、20—24 周岁和 35—39 周岁三个年龄段农村劳动力人数分别减少 320 万人、613 万人、112 万人，农村劳动力高龄化趋势较为明显。

表 2-2　　2010 年与 2015 年分年龄段农村劳动力人数　　单位：人

年龄段 （周岁）	农村劳动力人数		2010 年		2015 年	
	2010 年	2015 年	男性	女性	男性	女性
16—19	14558452	11362600	7928665	6629787	6592100	4770500
20—24	42980381	36853800	22355153	20625228	20976800	15877100
25—29	37279289	56548000	19914731	17364559	31278400	25269600
30—34	36585852	48470500	19569057	17016795	26914800	21555700
35—39	48595536	47478000	25565902	23029634	26196500	21281500
40—44	56866780	62960100	29542335	27324445	34077100	28883000
45—49	48428017	72067900	25222534	23205483	38905700	33162200
50—54	35830957	59290500	19519526	16311431	32622300	26668200
55—59	37919168	41870400	21029900	16889268	24135800	17734600
60—64	23229255	37086700	13473529	9755726	21745400	15341300
65 及以上	21049983	30665200	13049060	8000923	19055600	11609600
总计	403323670	504653700	217170392	186153278	282500500	222153200

根据前文关于农村劳动人口年龄的界定，由表 2-2 计算出 2010 年农村劳动力资源数为 38916 万个整劳动力，与农村劳动力总数相差 1416 万；2015 年农村劳动力资源数为 48749 万个整劳动力，与农村劳动力总数相差 1716 万。

2010 年与 2015 年不同年龄段农村劳动力性别比情况，如图 2-4 所示。

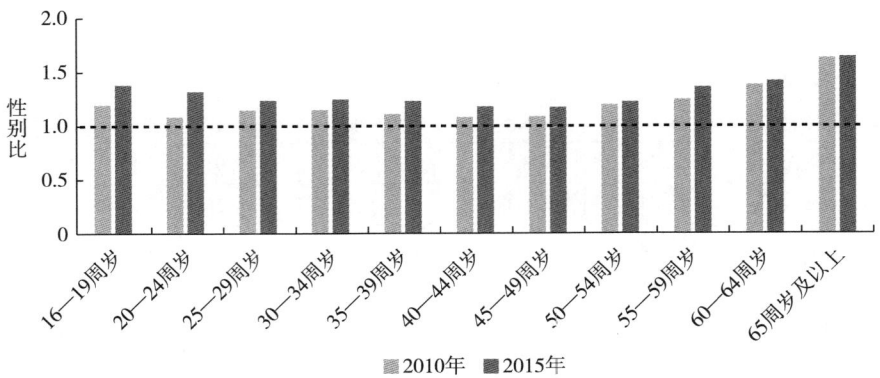

图 2-4　2010 年与 2015 年不同年龄段农村劳动力性别比（女性 =1）

由图 2-4 可知，2010 年、2015 年不同年龄段的农村劳动力男女性别比均超过 1，即男性多于女性。相较于 2010 年，2015 年各年龄段的性别比均有所增加，其中增幅较大的年龄段为 20—24 周岁，增幅较小的年龄段为 65 周岁及以上。2015 年，年龄段在 40—54 周岁的农村劳动力性别比较小，60 周岁及以上、16—19 周岁年龄段农村劳动力性别比较大。这些变化和差距既与人口的发展规模、我国农村的生育观念有关，又与农村男性和女性劳动力自身的生长规律、角色分工有关。

三 农村劳动力受教育程度分析

设未上过学、小学、初中、高中、大专及以上的受教育年限分别为 0、6、9、12、16 年，则平均受教育年限的计算公式为：

$$Y = 0 \times A + 6 \times B + 9 \times C + 12 \times D + 16 \times E \tag{2.1}$$

其中，Y 为地区劳动力人均受教育年限，A、B、C、D、E 分别表示未上过学（含扫盲班）、小学、初中、高中（含中专）、大专及以上的文化程度占 16 周岁以上就业人口的比重。

根据式（2.1），计算得到 2010 年与 2015 年全国及各地区的农村劳动力人均受教育年限，如表 2-3 所示。

表 2-3　2010 年与 2015 年全国及各地区农村劳动力人均受教育年限　单位：年

地区	2010 年	2015 年	地区	2010 年	2015 年
全国	**7.87**	**8.19**	河南	8.19	8.43
北京	9.69	10.32	湖北	7.91	8.33
天津	8.53	8.91	湖南	8.36	8.88
河北	8.42	8.64	广东	8.39	8.86
山西	8.55	8.85	广西	7.91	8.20
内蒙古	7.85	8.06	海南	8.25	8.69
辽宁	8.19	8.39	重庆	7.13	7.66
吉林	8.10	8.17	四川	7.26	7.49
黑龙江	8.10	8.19	贵州	6.54	6.88
上海	8.88	9.29	云南	6.81	7.14
江苏	8.31	8.73	西藏	3.97	4.05

续表

地区	2010 年	2015 年	地区	2010 年	2015 年
浙江	7.94	8.46	陕西	8.09	8.49
安徽	7.25	7.99	甘肃	6.83	7.18
福建	8.06	8.13	青海	6.10	5.98
江西	8.05	8.42	宁夏	7.28	7.52
山东	8.05	8.19	新疆	8.07	8.25

注：根据《中国2010年人口普查资料》和《2015年全国1%人口抽样调查资料》中的相关数据计算所得。

由表2-3可知，全国农村劳动力人均受教育年限2015年达到8.19年，基本达到初中文化程度，比2010年提高0.32年。分地区来看，相对于2010年，2015年除青海外各地区农村劳动力人均受教育年限均有所增加，增幅较大的地区为安徽、北京，分别增加0.74年、0.63年。2015年，北京市农村劳动力人均受教育年限较高为10.32年；西藏较低为4.05年，两者相差6.27年；其他地区农村劳动力人均受教育年限基本为6—9年，地区间的差距不是很明显。提高农村劳动者素质，是实现农村剩余劳动力有效转移的重要途径。

四　农村劳动力变动分析

2005年、2010年与2015年不同年份农村劳动力数量变动情况，如图2-5所示。

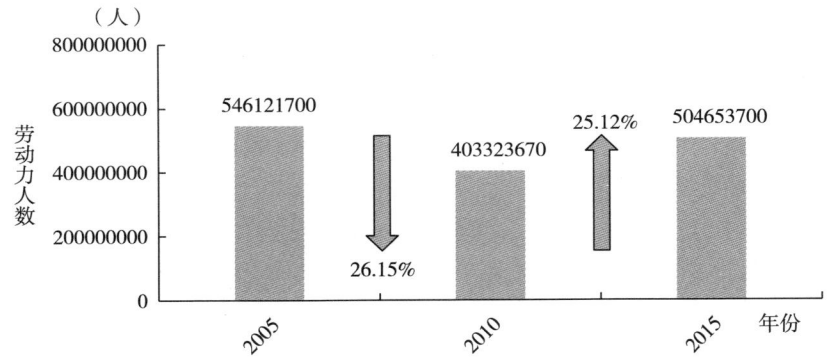

图2-5　不同年份农村劳动力数量的变动情况

由图 2-5 可知，2005 年农村劳动力数量为 54612 万人，2010 年这一数量减少为 40332 万人，而 2015 年又增长为 50465 万人。2005—2010 年农村劳动力变动幅度达到 26.15%，年均降低 5.88%；2010—2015 年农村劳动力增长幅度达到 25.12%，年均增速为 4.58%。总体来看，2005—2015 年农村劳动力减少 4147 万人，变动幅度为 7.59%，年均降低 0.79%。改革开放以来，随着农村土地制度的改革、农业生产技术的进步，农业生产效率大为提高，第一产业就业人数占总就业人数之比由 2005 年的 44.80% 下降到 2015 年的 28.30%，第一产业就业的劳动力人数占比下降的幅度较大。

第三章　农村剩余劳动力规模测度

自 20 世纪 80 年代初以来，中国农村剩余劳动力问题受到了学者的广泛关注，其中农村剩余劳动力数量的测算问题自 20 世纪 80 年代中期以来已经成为一个主要的关注点。学者提出种种测算方法，但据此测算出来的农村剩余劳动力数量却相去甚远。除了概念界定、测算范围以及所采用数据等方面的差异外，测算方法本身的差异无疑是造成这种现象的主要原因。

第一节　农村剩余劳动力规模测度方法

直接对农村剩余劳动力规模进行测度的方法主要包括总量分解法、生产函数法、国际比较法、两部门简单分析法等。这些方法大多数以一种理想状态为参考标准，进而得到现有状态下的农村剩余劳动力水平。王诚（1996）的总量分解法是从农村农业资源可容纳就业量出发，计算现有农村农业劳动力规模超过可容纳劳动力的数额。其中，农村农业可容纳就业量基于农村生产性固定资产计算得到。随后糜韩杰（2008）根据最优化方法对农村农业可容纳就业量进行了修正，主要以农村农业资产规模和农村农业劳动力人数作为控制变量，分析其各取值下的最优产值问题。总量分解法的"剩余"比较标准是以农村农业生产最优为标准的，也是一种理想状态，在资产规模不能在短期内变动的情况下，农业劳动力即使在最优规模状态下也难以达到最优产值。刘正鹏（1987）在管荣开（1986）的简单计算法基础上发展了一种计算农村剩余劳动力的生产函数法，根据以往经济状况较稳定年份数据计算得到一个最优的生产函数形式,进而得到每年的理想劳动力规模,以此作为比较标准。国际比较法主要以全世界主要国家的城市化率为比较标准,得到中国的城市化率与全世界平均水平的差异,大多数学者主要以钱纳里(1988)的标准模型为比较依据。韩纪江(2002)和侯云风(2004)的两部门简单分析法以城乡劳动力工资报酬相同或者边际生产效率相同作为理想状态的比较标准,进而得到现有状况与这一理想状态之间的差异。

一 总量分解法

该方法首先由王诚(1996)提出,随后由糜韩杰(2008)对其进行了修正。具体分解方法如下:

$$RDU = RE - TVE - PE - IE - FE - CE \tag{3.1}$$

其中,RDU 表示农村隐蔽失业量,RE 为农村总就业(从业)量,TVE 为乡镇企业就业量,PE 为私营企业就业量,IE 为个体劳动就业量,FE 为流入城市岗位就业量,CE 为农村农业资源可容就业量。RE、TVE、PE、IE 可以从《中国统计年鉴》查得其具体观测值。为计算 FE 和 CE,王诚(1996)假定:①农民工拥有城市岗位比例不变,并按照《中国统计年鉴》所提供数据计算得到1994年农村流动劳动力在城市成功找到就业岗位的有900.4万人,占当年城镇就业人数的5.35%,假设这一比例不变,从而根据城镇就业人数可以得到历年城镇中的农民工人数。②假定农用资本的劳动力替代效应和互补效应变化相互抵消。基于这个假设,根据其测算的20世纪90年代中期的农业资源可容纳劳动力数量为1.5亿,并按照农村生产性固定资产计算出容纳系数为6.4,同时假设这个系数不变,用这一系数乘以历年农村生产性固定资产即可得到历年农业资源可容纳的劳动力数量。不过,由于这两个假设过于严格,以此推算得到的其他年份数据误差较大(王诚,1996;糜韩杰,2008)。

糜韩杰(2008)针对王诚(1996)假定中存在的问题进行了修正。第一,对原始公式中部分变量的修正:①修正 FE,用《第二次全国农业普查主要数据公报(第五号)》中的"2006年农村外出从业劳动力人数"替代"按照成功就业的农民工人数占城市就业人数的比例不变所推算"的数据；②修正 CE，按照在一定的农业总产出情况下社会对农业的支出成本最小化原则，根据最优化方法得到农业资本和劳动的最优组合，进而得到理论上合理的农业从业人员数，将其减去城镇农业从业人员数量，就可以得到农业资源可容纳的有效农业从业人员数量。第二，遵照王诚（1996）计算方法的内涵，从另一个角度得到农村剩余劳动力数量的计算公式：

$$RDU = TAE - CAE - CE \quad (3.2)$$

其中，RDU 为农村剩余劳动力数量，TAE 为农村农业就业人数，CAE 为城镇从事农业的就业人员人数，CE 为农村农业资源可容纳有效就业量。TAE 和 CAE 均可从统计年鉴查得相应的统计数据，CE 采用前述最优化方法进行估计。笔者根据1980年至2006年的相关统计数据得到农业总产值（实际值）关于农业资本投资和劳动力投入的关系为（计算过程详见原文）：

$$Y = e^{-0.621654} K^{0.879324} L^{1.407260} \quad (3.3)$$

代入如下最优化模型：

$$\min wL + rK$$
$$\text{s. t. } AK^\alpha L^\beta = Y \quad (3.4)$$

其中，w 是农村农业劳动力的平均成本，这里用按行业分城镇单位人员平均劳动报酬和估算的农村农业从业人员平均收入的加权平均值；r 是农村农业资本的平均成本，以贷款基准利率表示；Y 是已知的当年第一产业生产总值（实际值）。进而可以计算得到最优的农业固定资产存量（原文表示为农业固定资产投资，但按照全文思路，这里的资本值应为"存量"）和农业劳动力人数。式（3.1）中 CE 即为农业劳动力人数减去按行业分城镇单位就业人员数（第一产业）。

此外，李峰（2011）采用类似方法测算1953—1978年我国农村剩余劳动力数量；王玮（2014）在糜韩杰（2008）的基础上，补充2007—2010年数据并测算我国农村剩余劳动力规模。

二　生产函数法

刘正鹏（1987）在管荣开（1986）的方法基础上，基于柯布道格拉斯生产函数创新了一种估计农村剩余劳动力的方法。笔者认为，农业部门与其他部门资金有机构成的差异会造成社会平均劳动生产率与农业部门的劳动生产率之间的可比性不足,对"农业劳动需要率"指标进行修正,并提出了"农村劳动力利用率"概念,并从劳动生产率的角度提出一种新的方法,其基本公式为:

农村劳动力利用率=农业部门实际劳动生产率/农业部门理论劳动生产率
=实际农业总产量/理论农业总产量

农村劳动力剩余度=1−农村劳动力利用率

农村劳动力剩余量=农村劳动力×农村劳动力剩余度

其中,理论农业总产量是指在劳动力和资金充分利用的情况下,农业部门所应该达到的产量水平。笔者根据1952年至1980年的统计资料,估计了农业产值与农业劳动力投入和资金投入之间的关系函数。值得注意的是,为了体现"劳动力和资金充分利用"这一前提,笔者删去了1958年至1964年、1968年、1969年和1972年的数据资料。根据最小二乘法拟合对数线性化后的生产函数:

$$Y = 6.0957 L^{0.0324} K^{0.8197} \tag{3.5}$$

根据实际劳动力投入和资金投入计算理论上最佳的理论农业总产量,进而根据式(3.5)计算得到农村剩余劳动力。值得注意的是,这种方法忽略了农村中的非农产业。

在劳动力是异质的、不断变化的,以及农业部门是相对独立的部门等假设前提下,赵秋成(2000)建立了更一般的生产函数测算模型,即农业部门产品产量(Q)关于农业资本(K)、农业劳动力(L)、耕地面积(D)的生产函数,$A(t)$为一定时期农业部门的技术水平:

$$Q = A(t) \cdot K^\alpha \cdot L^\beta \cdot D^\gamma \tag{3.6}$$

在此基础上又建立了农业部门收益函数:

$$B = \overline{P} \cdot Q - \overline{\omega} \cdot L - p^k \cdot K - R \cdot D \tag{3.7}$$

其中,B为净收益,$\overline{P}$为农产品的平均价格,$\overline{\omega}$为农业部门从业者的平均工资(收入),p^k为农业部门的资本价格,其值等于$1+r$,r为银行利息,R为地租。最后,根据收益最大化原则得出农业部门的最优就业量,从而得出农业部门的劳动力剩余量和劳动力剩余率。

类似于刘正鹏(1987)的生产函数和形式,国家统计局农调总队社区处(2002)通过计算多年数据的回归模型,根据农业剩余劳动力对农业总产值的边际劳动生产率为零的特征，得到了农业总产值关于农业劳动力、耕地面积的生产函数关系式。进而根据实际农业总产值和耕地面积数据反算出生产要素最优配置时的农业劳动力需要量。最终，得到的生产函数形式为：

$$Y = 18.43 Land^{0.6} + Lab^{0.32} \qquad (3.8)$$

其中，Y 为农业总产值，$Land$ 为耕地面积，Lab 为需要的农业劳动力数量。对此，孙友然（2007）等认为，该方法在运用过程中忽略了耕地能够容纳劳动力的数量受农业生产条件、复种指数、管理程度等方面的影响。此外，陈书伟（2013）基于 C-D 生产函数，通过构建新古典模型对我国 31 个省份农村中有待转移的劳动力数量进行测算。

三 国际标准模型法

该方法是由钱纳里（1988）根据 20 世纪 50 年代至 70 年代 100 多个国家的数据归纳提出的。根据估计，得到人均国民生产总值分别与劳动力份额和总产值份额相关"国际标准结构"（王红玲，1998；王检贵等，2005；贾宪威等，2010；杨继军等，2011；李小奎，2015）：

$$Y = 23.36 \ln X - 94.76 \qquad (3.9)$$

其中，Y 表示城市化水平（%），X 表示人均国民生产总值（美元）。

贾宪威等（2010）认为，根据特定经济发展水平下应有的城市化水平与实际的城市化水平，利用上述钱纳里数据模型计算应有的城市化水平，进一步得到农村剩余劳动力数量。计算公式为：

农村剩余劳动力数量 = (应有的城市化水平 - 实际的城市化水平) × 总人口 × 农村劳动力占农村总人口的比重

而王检贵等（2005）和杨继军等（2011）基于钱纳里的结果，采用了不同的计算方法：

$$Sur = \left(\frac{L_1}{L}\right)_{实} - \left(\frac{L_1}{L}\right)_{标} + \left(\frac{I_1}{I}\right)_{标} - \left(\frac{I_1}{I}\right)_{实} \qquad (3.10)$$

其中，Sur 表示农村剩余劳动力占劳动力人数的比重，L 和 I 分别表示劳动力数量和总产值，L_1 和 I_1 分别表示农业劳动力数量和农业总产值。

四 两部门简单分析法

这里的"两部门简单分析法"有别于基于最优化原理和一般均衡理论进行的两部门分析模型，该方法将全国分为城镇和农村两个部门进行分析，但计算过程相比最优化方法简便一些。

韩纪江（2002）等学者从城乡之间劳动力的差别角度出发，以当今西方主流经济学理论和马克思主义理论为基础分析。笔者认为，如果没有各种制度约束，每个农村劳动力的劳动报酬收入应该与城镇劳动力的工资报酬收入相等。为了得到现有的农业总收益（笔者以农民总纯收入代替），以现时全国劳动力平均收入水平为基准所需的劳动力数量，就是理论均衡下农村实际需要的农村劳动力数量，进而计算出农村剩余劳动力数量。故笔者给出四个基本假设：①假定国内市场是一个庞大的统一市场，没有地方保护主义和地区封锁，且地区之间交通便利，信息畅通，劳动力流动自由；②假定居民存款利息、资产等非劳动性收入对劳动力个体的报酬没有影响；③假定城乡之间的劳动力流动成本相同，两个方向的流动都非常自如；④假定不考虑人口增长等因素。

农村剩余劳动力的计算公式为：

（1）全国居民总收入 G = 农村居民总纯收入 C + 城镇居民总收入 F

其中，农村居民总纯收入 C = 农村家庭人均纯收入 A × 农村总人口 B；

城镇居民总收入 F = 城镇总人口 D × 城镇居民家庭人均可支配收入 E。

（2）全国农村剩余劳动力 LS = 农村劳动力总量 L − 实际所需的农村劳动力数量 K

其中，K = 农村居民纯收入 C/全国每个劳动力每年的平均收入 I；全国每个劳动力每年的平均收入 I = 全国居民总收入 G/全国劳动力总量 H；H 可根据《中国统计年鉴》中的经济活动人口代替。

综合以上计算过程，可得到农村剩余劳动力率的计算公式为：

$$LSR = 1 - \frac{H}{L\left(1 + \frac{D \times E}{A \times B}\right)} \quad (3.11)$$

或 $LSR = 1 - \dfrac{1}{r(1+\alpha\beta)}$ (3.12)

其中，r 表示农村劳动力占全国劳动力总量的比重；α 表示城镇人均可支配收入与农村人均纯收入的比值；β 表示城镇人口与农村人口的比值。

侯风云（2004）对韩纪江（2002）的方法进行了细化，笔者认为农村劳动力的剩余是相对的，而非绝对，只要农业劳动的收入与经商、务工收入之间存在差异，城乡收入和地区收入之间存在差异，那么就会产生农业劳动力和农村劳动力的剩余。笔者对农村剩余劳动力的估计分为四个部分：

（1）农业剩余劳动力的估计。笔者以城市集体单位制造业和批发业及餐饮业的平均收益为参照值，计算公式为：

农业剩余劳动力比例：$R_{1t} = \left(1 - \dfrac{MR_1}{MR_2}\right) \times 100\%$ (3.13)

农业剩余劳动力数量：$L_{1t} = L_t \cdot R_{1t}$ (3.14)

其中，MR_1 和 MR_2 分别指农村劳动力和城镇劳动力的边际产量；L_t 为农村劳动力数量。

（2）农村剩余劳动力潜在规模的估计。笔者认为在我国三元经济结构的前提下，农村第二、三产业会吸收掉部分农业剩余劳动力，故农村劳动力剩余规模应小于农业劳动力剩余规模。即：

农村剩余劳动力数量：$L_{3t} = L_{1t} - L_{2t}$ (3.15)

其中，L_{2t} 指第 t 年被农村第二、三产业吸收掉的剩余劳动力人数。

（3）农村劳动力实际转移规模的估计。

农村劳动力向外转移的数量：$L_{4t} = L_t \cdot R_{2t}$ (3.16)

其中，R_{2t} 表示第 t 年农村转移劳动力占农村劳动力的比重（向城镇转移的比例）。

（4）农村劳动力剩余规模的估计。笔者认为，农村实际剩余的劳动力是从农业劳动力中剩余出来的，没有被农村第二、三产业吸收掉的，也没有转移到城镇的劳动力。故：

农村剩余劳动力规模：$L_{5t} = L_{3t} - L_{4t}$ (3.17)

夏兴园（2004）认为，农村剩余劳动力，专指中国农村中不充分就业或者低于社会平均收入的劳动力,因为即使在地劳比例大,边际生产率为正,劳动力的有效工时大于达到充分就业标准的情况下,如果务农收入远远低于务工收入,理性的农民在比较利益的驱动下选择打工,则农业劳动力也会表现为"剩余"。笔者从城乡收入平均化的角度构造了农村潜在剩余劳动力数学模型,进一步定义壁垒系数,通过实证分析得到2002年我国农村还存在约1.39亿剩余劳动力。

另外,齐国友等(2005)、唐娜(2005)、刘劲飞(2008)分别采用相同或类似的方法测算全国、贵州省、延安市等地区的农村剩余劳动力规模;胡奇(2012)在侯风云(2004)的研究基础上,进一步探讨制度的变化对农村剩余劳动力产生的影响,从理论层面完善测算研究。

五 综合集成方法

考虑到单个方法在测算农村剩余劳动力规模时,测算结果的片面性,很多学者采用多种方法进行分别测算,再以某种处理方式综合不同的测算结果。例如周晓津(2008)采用了两阶段模型和Logistic模型分别估计1978年至2007年的农村剩余劳动力数量,再从不同侧面进行比较分析。有些学者采用多种方法分别进行测算以后,再通过计算平均值的方法综合各种测算结果,如杨涛等(2011)分别采用人均耕地负担法、平均产值法和从城市化发展角度的方法测算了陕西省的农村剩余劳动力规模,再用平均值法进行综合等。

六 生产能力比较法

前述方法更多的是在理想状态下得到的潜在的"农村剩余劳动力",这些所谓"剩余"不一定能够真正地实现转移,那么我国到底有多少"可转移"的农村剩余劳动力呢?主要基于前述方法,构建新的农村劳动力测度模型,以反映在现实状况下我国农村剩余劳动力的存量。

(一)模型构建的原则和标准

为使新建模型更具有科学性和实用性,设计时遵循如下原则:明晰的目的性,数据与结果的准确性、可操作性、引导性。

(1)明晰的目的性:在对农村剩余劳动力规模进行测度时,考虑不同产业劳动力的生产能力差别,认识农村剩余劳动力问题,并合理解决这些问题。

(2) 数据与结果准确性:尽可能反映我国"剩余劳动力"的真实存量,模型的测算结果要尽可能准确,能够较为准确反映我国农村剩余劳动力的走势和规模。

(3) 数据与结果可操作性:尽可能减少测算过程中烦琐的步骤,尽可能让测算过程简单明了,并能方便地获取各相关指标的数值。

(4) 数据与结果引导性:根据测算过程的思路就可以发现劳动力产生"剩余"的主要根源,为解决"剩余"问题提供引导。

(二) 测度模型的构建

问题分析:从最终目的出发,合理的剩余劳动力规模应体现当前政策的不足。简单计算法和两部门简单分析法将农村劳动力和城镇劳动力看成"同质",认为在理想状态下农村劳动力与城镇劳动力的生产能力和报酬应一致,这与现实并不符合。由于产业分布、劳动力流动障碍、社会保障差别、基础设施差别和一些历史遗留问题等因素的影响,农村农业劳动力对产值的贡献能力显然会低于城镇非农业劳动力。虽然在资源有效配置的理想状态下,各行业劳动力的产值能力和报酬相同时社会总效率会达到最优,但就当前的环境,即使把所有劳动力瞬间转移到其他产业,农业部门也达不到理想产值规模。所以,从政策方针角度看,应差别看待农村劳动力和城镇劳动力的生产能力,以及差别看待农业劳动力和非农业劳动力对总产值的贡献能力。

假定农村劳动力的生产能力为 α,城镇劳动力的生产能力为 β。同样,结合简单计算法模型、两部门简单分析法和相对变化率模式,则农村剩余劳动力的估计模型为:

$$L^* = SL_1 \tag{3.18}$$

其中,$S = 1 - R$,$R = \dfrac{Y_1/(\alpha L_1)}{Y/(\beta L)}$。

式中,Y_1 为农村地区各产业产值,L_1 为农村劳动力人数,Y 为国内生产总值,L 为总从业人数,S 为农村劳动力剩余率,L^* 为农村剩余劳动力规模。

将测算模型(3.18)变形得到如下表达式:

$$L^* = L_1 - \frac{Y_1\beta}{Y\alpha}L = L_1 - \frac{Y_1}{Y} \cdot \frac{\beta}{\alpha} \cdot L \qquad (3.19)$$

即可以理解为，农村地区可转移的剩余劳动力取决于农村地区实际需要劳动力的数量，而实际需要的劳动力数量取决于"农村地区产值占国内生产总值的比重"（Y_1/Y）和"农村劳动力的相对生产能力"（α/β）的倒数。

根据国家统计局对城乡区域的划分规则，我国大部分国土面积都属于农村地区。幅员辽阔的农村地区不仅为全国提供了生产生活的基本食品、生活必需品等，也为城镇各产业的发展提供了大量基本生产要素，在国民经济中的重要性不言而喻。农村地区由于土地资源相对丰富，不仅可以发展农林渔牧业，也可以发展一些基础的第二、三产业，为城镇主要工业部门提供再生产的原材料，为第三产业提供一些基础工具和材料。根据式（3.19），当农村地区产值比重较高时，在农村劳动力水平不变的情况下，其所需的劳动力规模会较多，那么剩余下来的"可转移规模"将减少。

根据李实等（2011）的估计，我国基尼系数达到 0.4850 左右，而其中城镇内部基尼系数为 0.3987，可见我国城乡收入差距已经非常严峻。实际上，远不止城乡之间的差距收入这么简单，社会保障差距、制度管理差距、基础设施差距、基础教育条件的差距等均较为严重。近几年国家高度重视"三农"问题，并号召建设新农村，对农村地区的发展起到一定积极作用。但目前城乡差距仍然显著，仍需得到重视。根据模型（3.18）的分析，当农村劳动力的相对工作能力较高时，农村可以转移出来的剩余劳动力规模较多，对城镇各产业的发展是积极的。当然，与此同时需要重视的是城镇对劳动力的接纳能力。如果城镇劳动力普遍工作能力较强，农村即使向城镇转移一部分劳动力，也很难参与其中的竞争，最终可能回到农村成为不可转移的"潜在"剩余劳动力。

根据上述分析，模型（3.18）以农村总产值比重作为外部控制因素，农村剩余劳动力数量受国民经济发展的制约，而农村劳动力的相对工作能力是其调控的主要手段。值得注意的是，即使"可转移"剩余劳动力规模为负，我们也不应鼓励城镇劳动力向农村地区转移。因为就当前而言，农村"潜在"剩余劳动力仍然大量存在，城镇劳动力向农村的大规模转移是不符合现实的，也与经济的未来发展相违背。"可转移"的剩余劳动力极少或者为负数，只能说明相对于城镇劳动力的工作能力，农村劳动力与其差距较大，应该重视农村劳动力工作能力的培训、工作环境的改善、工资报酬制度的完善等。

第二节 农村剩余劳动力的测算

一 总量分解法的测算过程和结果

"总量分解法"是根据糜韩杰（2008）的思路进行测算的。首先，根据糜韩杰（2008）的修正模型估计农村可容纳的农业劳动力就业量，根据最优化模型（3.3）得到最优的农业劳动力水平和农业投资规模为：

$$L^* = \left[\frac{Y}{A}\left(\frac{\beta r}{\alpha w}\right)^\alpha\right]^{\frac{1}{\alpha+\beta}} \tag{3.20}$$

$$K^* = \left[\frac{Y}{A}\left(\frac{\alpha w}{\beta r}\right)^\beta\right]^{\frac{1}{\alpha+\beta}} \tag{3.21}$$

其中，w 是每个农业劳动力的成本，农业部门"支付"给农业劳动力的工资实际上表现为农民的收入，故这里采用历年农村居民纯收入作为参考，并且以消费者物价指数为平减指标得到以 1978 年为基期的实际收入。根据式（3.20）不难发现，w 越小，农村农业部门所需的劳动力数目会增多；而农村居民纯收入中不仅包含来自农业部分的收入，还包括其他方面的收入，因此在其他参数基本准确的情况下，这里测算的农村所需劳动力数目偏小，最终得到的剩余劳动力数目将偏大。r 是农业资本的平均成本，这里采用历年一年期短期贷款利率表示。在短期贷款利率的处理中，由于它是一个分段数据，故以每年最后一次调整的贷款利率作为当年的贷款利率；如果当年没有进行调整，则采用前一年最后一次调整的贷款利率。另外，Y 为当年第一产业产值，并按照对 w 相同的方法得到基于 1978 年的实际值。由此，得到农村剩余劳动力水平，如表 3-1 所示。

表3-1　修正的总量分解法测算的历年农村剩余劳动力

年份	第一产业从业人数（万人）	城镇从事农业的劳动力人数（万人）	农村从事农业的劳动力人数（万人）	第一产业产值（实际值，亿元）	农村居民纯收入（实际值，元）	一年期贷款利率（%）	农村需要的劳动力数目（万人）	农村剩余劳动力人数（万人）
1990	38914	780.00	38134.0	2339.19	317.149	0.0936	20536.6	17597.4
1991	39098	769.00	38329.0	2387.04	316.622	0.0864	20104.1	18224.9
1992	38699	758.00	37941.0	2463.92	329.273	0.0864	20079.9	17861.1
1993	37680	708.00	36972.0	2549.91	337.459	0.1098	22141.4	14830.6
1994	36628	680.00	35948.0	2823.81	360.177	0.1098	22578.9	13369.2
1995	35530	660.00	34870.0	3057.65	397.506	0.1206	23335.2	11534.8
1996	34820	617.00	34203.0	3260.15	448.034	0.1008	21392.2	12810.8
1997	34840	612.00	34228.0	3268.14	472.98	0.0864	19766.3	14461.7
1998	35177	546.00	34631.0	3379.93	493.157	0.0639	17577.4	17053.6
1999	35768	518.84	35249.2	3417.4	511.407	0.0585	16835.8	18413.3
2000	36043	494.39	35548.6	3443.48	519.217	0.0585	16793.7	18754.9
2001	36399	458.46	35940.5	3611.28	541.51	0.0585	16871.9	19068.7
2002	36640	430.48	36209.5	3814.76	571.073	0.0531	16312.6	19897.0
2003	36204	484.54	35719.5	3962.09	597.721	0.0531	16296.8	19422.7
2004	34830	466.07	34363.9	4697.83	644.23	0.0558	17386.9	16977.1
2005	33442	446.26	32995.7	4831.90	701.487	0.0558	17035.1	15960.6
2006	31941	435.25	31505.8	5104.03	761.58	0.0612	17516.7	13989.0
2007	30731	426.31	30304.7	5799.64	838.809	0.0747	19269.9	11034.8
2008	29923	410.09	29512.9	6447.68	910.775	0.0531	17149.4	12363.5
2009	28890	373.68	28516.3	6786.63	992.904	0.0531	16965.2	11551.1
2010	27931	375.74	27555.3	7560.83	1104.09	0.0581	17675.8	9879.4
2011	26594	359.50	26234.5	8610.91	1234.919	0.0656	18778.2	7456.3
2012	25773	338.90	25434.1	9494.93	1365.634	0.0600	18218.4	7215.7
2013	24171	294.80	23876.2	10320.67	1585.340	0.0600	17841.6	6034.6
2014	22790	284.60	22505.4	10882.95	1728.845	0.0560	17199.4	5306.0
2015	21919	270.00	21649.0	11354.32	1856.583	0.0435	15469.5	6179.5

注：①农村从事农业的劳动力人数＝第一产业劳动力人数－城镇从事农业的劳动力人数；②第一产业产值和农村居民纯收入是以1978年为基期的可比值，根据累计消费物价指数折算。

由表 3-1 可知，2015 年我国农村剩余劳动力规模为 6000 万左右。根据其计算思路，这里的剩余劳动力准确地说应该是"农村农业部门剩余劳动力规模"，不包括农村中非农业部门的剩余劳动力。

如前所述，修正的总量分解法在测算农村剩余劳动力时，会出现农村需要的劳动力数目偏小，而农村剩余劳动力数目偏大，因而该方法不适合作分区域的农村剩余劳动力的存量测算。

二 简单国际比较和国际标准模型法

2015 年世界上 195 个国家或地区的人均 GDP（美元）与城市化率之间的关系，如图 3-1 所示。

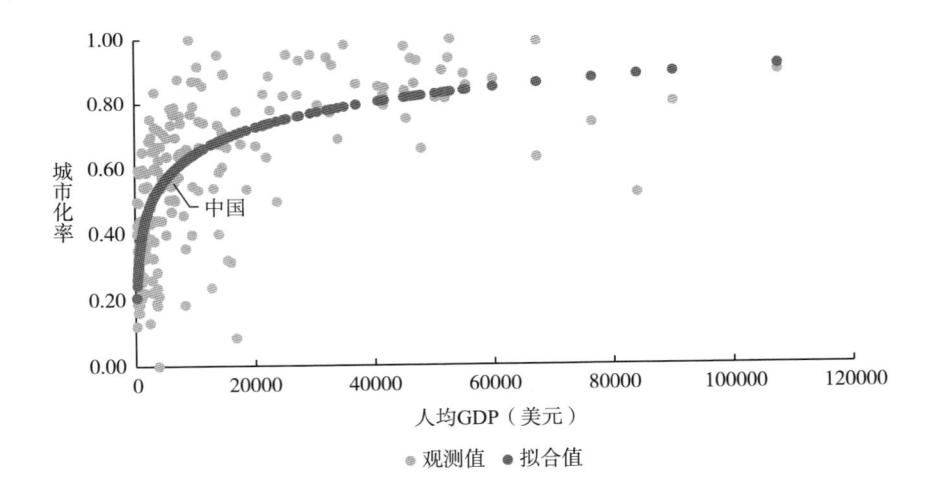

图 3-1　2015 年 195 个国家或地区人均 GDP 与城市化率关系

注：图中人均 GDP 是以 2010 年为基期的美元可比价。
资料来源：世界银行网站，http://data.worldbank.org.cn/。

由图 3-1 不难发现，与我国人均 GDP 相当的大部分国家城市化率均相对较高。根据这 195 个国家的 2015 年数据建立对数回归模型，估计得到人均 GDP 与城市化率之间的关系函数，其表达式为：

$$Y_1 = -0.4188 + 0.1155 \ln X$$
$$(-5.739)\ (13.860)$$

$$R^2 = 0.4988 \quad F = 192.0904 \tag{3.22}$$

其中，Y_1 为城市化率，X 为人均国民生产总值（美元）。根据模型（3.22）得到：基于我国 2015 年人均 GDP（美元）的城市化率的理论值应为 59.54%。与 2015 年实际结果相比，大概有 3.92% 的差额，即有 4% 左右的农村剩余劳动力。不过，正如诸多学者批评的那样，这种方法过于粗糙，其比较结果只能仅供参考。

相对严密一点的模型是钱纳里的标准模型。不过由于其模型数据来自 20 世纪六七十年代，对于目前的国际环境适用性较差，故这里根据 215 个国家或地区 1960 年至 2015 年的城市化率和人均 GDP 重新估计这一模型，去掉缺失值以后的样本数据为 8510 个，如图 3-2 所示。

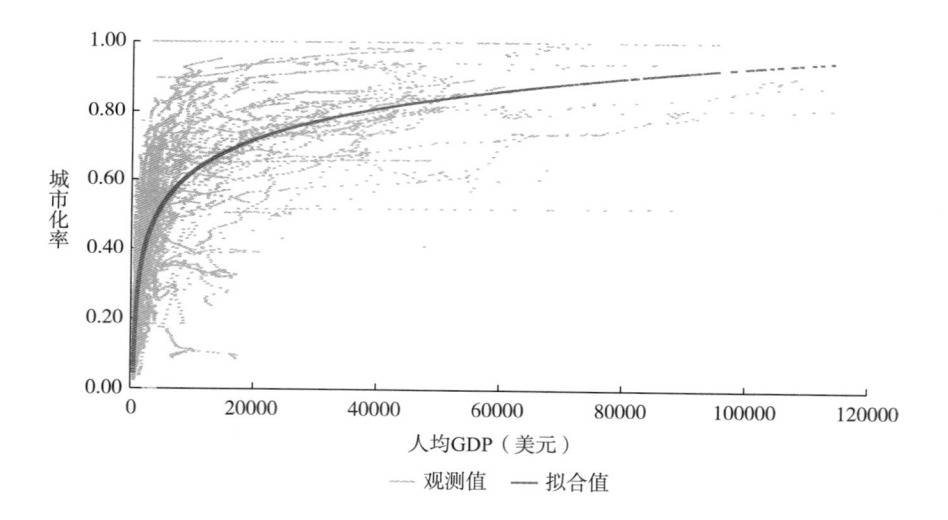

图 3-2　1960—2015 年 215 个国家或地区人均 GDP 与城市化率的散点图
资料来源：世界银行网站，http://data.worldbank.org.cn/。

由此，得到对数线性模型：

$$Y_1 = -0.5767 + 0.1308 \ln X$$
$$(-65.273)(123.585)$$
$$R^2 = 0.642 \quad F = 15273.13 \tag{3.23}$$

根据"标准模型"（3.23），测算我国农村剩余劳动力规模近年来逐渐缩小，至 2015 年其规模为 1300 万左右，具体见表 3-2。这里的剩余劳动力规模应该解释为"与世界整体城市化水平相适应"的农村剩余劳动力规模。这些剩余劳动力数量是特定经济水平下劳动力转移的一个参考。

表3-2　　　　标准模型法测算的历年农村剩余劳动力

年份	人均GDP（美元）	理论的城市化率（%）	实际的城市化率（%）	农村剩余劳动力人数（万人）	年份	人均GDP（美元）	理论的城市化率（%）	实际的城市化率（%）	农村剩余劳动力人数（万人）
1978	307.77	17.28	17.90	-232.7	1997	1443.77	37.49	32.88	3321.4
1979	326.77	18.06	18.62	-213.2	1998	1542.06	38.36	33.87	3301.8
1980	347.89	18.88	19.36	-189.1	1999	1645.99	39.21	34.87	3262.7
1981	361.22	19.37	20.12	-305.6	2000	1771.74	40.17	35.88	3295.5
1982	387.75	20.30	20.90	-259.2	2001	1905.61	41.13	37.09	3148.2
1983	423.59	21.45	21.55	-40.0	2002	2065.72	42.18	38.43	2966.9
1984	481.36	23.13	22.20	431.7	2003	2258.91	43.35	39.78	2854.9
1985	538.69	24.60	22.87	838.0	2004	2472.59	44.53	41.14	2732.6
1986	578.18	25.52	23.56	989.3	2005	2738.21	45.87	42.52	2714.1
1987	635.49	26.76	24.26	1306.4	2006	3069.30	47.36	43.87	2845.2
1988	695.6	27.94	24.97	1603.4	2007	3487.85	49.03	45.20	3143.0
1989	713.69	28.28	25.70	1430.1	2008	3805.03	50.17	46.54	2977.4
1990	730.77	28.59	26.44	1391.2	2009	4142.04	51.28	47.88	2798.2
1991	787.87	29.57	27.31	1485.7	2010	4560.51	52.54	49.23	2742.2
1992	888.91	31.15	28.20	1964.2	2011	4971.54	53.67	50.57	2573.1
1993	1000.61	32.70	29.10	2424.1	2012	5336.06	54.59	51.89	2258.6
1994	1118.50	34.16	30.02	2820.4	2013	5721.69	55.51	53.17	1958.0
1995	1227.56	35.37	30.96	3048.0	2014	6108.24	56.36	54.41	1637.4
1996	1335.36	36.47	31.92	3214.3	2015	6496.62	57.17	55.61	1311.4

资料来源：世界银行网站，http://data.worldbank.org.cn/（人均GDP以2010年美元不变价计）。

三　两部门简单分析法的测算结果和说明

根据韩纪江（2002）的测算公式，在"如果没有各种制度约束，每个农村劳动力的劳动报酬收入应该与城镇劳动力的工资报酬收入相等"的假定下得到农村剩余劳动力测算结果（见表3-3）。不难发现，

表 3-3　两部门简单分析法测算的历年农村剩余劳动力

年份	农村从业人数比重(%)	城乡收入比	城镇人口与农村人口之比	农村劳动力剩余率(%)	农村剩余劳动力人数(万人)	年份	农村从业人数比重(%)	城乡收入比	城镇人口与农村人口之比	农村劳动力剩余率(%)	农村剩余劳动力人数(万人)
1978	75	2.57	0.22	15	4576.3	1997	69	2.47	0.47	33	16318.3
1979	75	2.42	0.23	14	4452.4	1998	69	2.51	0.50	35	17363.3
1980	74	2.50	0.24	16	5031.3	1999	67	2.65	0.53	38	18807.8
1981	74	2.20	0.25	13	4285.9	2000	66	2.79	0.57	41	20284.2
1982	74	1.95	0.27	11	3864.6	2001	65	2.90	0.60	44	21619.0
1983	74	1.82	0.28	10	3599.1	2002	64	3.11	0.64	48	22974.4
1984	74	1.83	0.30	13	4678.6	2003	62	3.23	0.68	50	23747.3
1985	74	1.86	0.31	14	5300.8	2004	61	3.21	0.72	50	23695.8
1986	74	2.12	0.32	20	7484.9	2005	59	3.22	0.75	51	23559.7
1987	74	2.17	0.34	22	8409.1	2006	59	3.28	0.80	53	24219.3
1988	73	2.17	0.35	22	8929.0	2007	58	3.33	0.85	55	24353.2
1989	73	2.29	0.36	25	10202.2	2008	56	3.31	0.89	55	23898.0
1990	74	2.20	0.36	24	11677.8	2009	55	3.33	0.94	56	23687.7
1991	73	2.40	0.37	28	13330.9	2010	53	3.23	1.00	55	22851.4
1992	73	2.58	0.38	31	14839.8	2011	52	3.13	1.05	55	22184.1
1993	72	2.80	0.39	34	16427.5	2012	50	3.10	1.11	55	21830.0
1994	72	2.86	0.40	35	17111.0	2013	49	2.86	1.16	53	20377.9
1995	71	2.71	0.41	34	16463.7	2014	48	2.75	1.21	51	19538.9
1996	70	2.51	0.44	32	15877.3	2015	46	2.73	1.28	52	19204.1

近 30 年来农村剩余劳动力规模总体增加, 到 2000 年高达 2 亿以上, 2008 年以后又逐渐减少。仔细分析其计算公式和具体参数的变化规律, 不难发现测算结果与"农村从业人数比重""城镇可支配收入与农村居民纯收入的比值"和"城镇人口与农村人口的比值"均呈正相关关系。由表 3-3 可知, 1978—2015 年, 尽管"农村从业人数比重"基本呈现逐年下降态势, 但是"城乡收入比"有所增加、"城镇人口与农村人口之比"增加幅度较大, 导致由此方法计算得到的农村剩余劳动力规模较大。

回到韩纪江 (2002) 的基本假定, 按照设想的思路, 随着经济发展、农村劳动力向城镇逐步转移, 农村劳动力的劳动报酬收入应该缓慢上升, 并逐步接近于城镇劳动力的工资报酬收入, 但现实并非如此。随着经济的发展, 城乡收入差距却逐年拉大。随着农村人口向城镇人口的转移, 对农村剩余劳动力的释放并没有带来农村生产效率的飞跃, 即没有带给农村劳动力相对报酬的明显提升, 而城镇的报酬收入越来越高。对此, 不难想到, 这可能是因为近几十年的劳动力转移并没有真正转走农村的"剩余劳动力", 而是把大量"精英"劳动力转移了出去。由于对城市生活和城镇高收入的向往, 大量有能力的农村劳动力流向了城镇, 而农村实际留下的劳动力水平却越来越低。因此, 简单地从城乡平均劳动报酬差异或边际生产能力差异角度对农村剩余劳动力进行分析仍不够完善。

四　综合比较

针对全国范围内农村剩余劳动力规模的测算, 运用了总量分解法、国际比较法、两部门简单分析法。由于资料的限制, 各种方法在测算年份并不完全相同, 为便于综合, 取自 1990 年后各年份的测算结果加以分析, 各种方法的测算结果及不同方法综合平均结果, 如表 3-4 所示。

由表 3-4 可知, 从时间上看, 三种方法对农村剩余劳动力规模的测算结果差异较为显著, 但反映了几个共同的特征: 自 1990 年以来我国农村剩余劳动力规模逐渐减少, 但受 1997 年"亚洲金融风暴"的影响, 我国农村剩余劳动力逐渐积累, 直至 2004 年我国沿海地区开始出现"民工荒"以后, 所体现的农村剩余劳动力规模再次逐渐减少。

表 3-4　　　不同方法农村剩余劳动力规模测算结果　　　单位：万人

年份	总量分解法	国际比较法	两部门简单分析法	综合结果
1990	17597.4	1391.2	11677.8	10222.1
1991	18224.9	1485.7	13330.9	11013.8
1992	17861.1	1964.2	14839.8	11555.0
1993	14830.6	2424.1	16427.5	11227.4
1994	13369.2	2820.4	17111.0	11100.2
1995	11534.8	3048.0	16463.7	10348.8
1996	12810.8	3214.3	15877.3	10634.1
1997	14461.7	3321.4	16318.3	11367.1
1998	17053.6	3301.8	17363.3	12572.9
1999	18413.3	3262.7	18807.8	13494.6
2000	18754.9	3295.5	20284.2	14111.5
2001	19068.7	3148.2	21619.0	14612.0
2002	19897.0	2966.9	22974.4	15279.4
2003	19422.7	2854.9	23747.3	15341.6
2004	16977.1	2732.6	23695.8	14468.5
2005	15960.6	2714.1	23559.7	14078.1
2006	13989.0	2845.2	24219.3	13684.5
2007	11034.8	3143.0	24353.2	12843.7
2008	12363.5	2977.4	23898.0	13079.6
2009	11551.1	2798.2	23687.7	12679.0
2010	9879.4	2742.2	22851.4	11824.3
2011	7456.3	2573.1	22184.1	10737.8
2012	7215.7	2258.6	21830.0	10434.8
2013	6034.6	1958.0	20377.9	9456.8
2014	5306.0	1637.4	19538.9	8827.4
2015	6179.5	1311.4	19204.1	8898.3

具体来看，总量分解法和两部门简单分析法计算的数值较大，而国际比较法得到的剩余劳动力规模较小。根据上文的分析，总量分解法严格来说测算的是农村中农业剩余劳动力规模，并不包括农村中非农产业

的剩余劳动力,因此相对于两部门简单分析法,其测算结果较低。两部门简单分析法从城镇和农村的总人口角度,基于城乡劳动者报酬的差异进行计算。由于这几年城乡收入差异的加大,农村劳动力的"剩余"也会逐渐变大。国际比较法以全世界 215 个国家的数据作为参考,反映了我国城市化率与世界平均水平的差异。而这 215 个国家中包含了大量发展中国家和不发达国家,这些国家的城市化比例大多数低于理论上的合理水平。因此,标准模型所反映的城市化率显然低于理论上的合理水平,那么按照这个模型得到的剩余劳动力比例较少也是理所当然的。

以上方法各自从不同的角度对农村剩余劳动力规模加以测算,每种方法既有其优点,也有其不足,其测算结果有些偏小、有些偏大,通过对各测算结果的简单平均得到一个折中的农村剩余劳动力的测算结果,具体见表 3-4。

第三节　关于农村剩余劳动力转移问题的认识

上述关于农村劳动力数据资料的统计主要是基于常住人口进行的,实际上,在我国广大农村,众多的农村劳动力已向城镇转移、农业劳动力向非农产业转移。据第六次全国人口普查资料显示,在户籍人口统计资料中,外出半年以上人口占到总人口的 19.31%,在这庞大的流动大军中,主要是农村劳动力。2015 年全国外出农民工数量为 16884 万人[①],则外出农民工数量占到农村劳动力人数约 33%。农村剩余劳动力的转移是增加农民收入的重要途径之一,各地政府也将其作为改善地方财政的一项重要工程来抓。但随着形势的变化,农村剩余劳动力的转移也出现了许多新情况和新问题,如流动儿童问题、农民工的权益保障问题、当地农业生产的萎缩问题、留守儿童与留守老人问题等。因此,我们必须对现阶段农村剩余劳动力的转移问题有清醒的认识。

一　关于农村剩余劳动力转移传统认识上的不足

目前在广大农村地区,关于农村剩余劳动力的理解更多地停留在传

---

① 国家统计局:《2015 年农民工监测调查报告》,国家统计局网,http://www.stats.gov.cn。

统的层面，农村剩余劳动力的转移就是从甲地转移到乙地、从农村转移到城镇、从农业转移到非农产业。其政策的制定基本上还停留在如何把剩余劳动力从农村迁移到城镇，让他们自由地去务工经商。客观上来说，传统意义上的农村剩余劳动力转移使农民获得较多的生产外收入，对实现农村剩余劳动力的转移起到了非常重要的作用。但随着转移规模的不断增大，更多的农村"精英"流向城镇，给农村的现代化发展造成影响；农村青壮年劳动力大量外出，造成了农村的"空巢"现象，导致留守老人和学龄儿童成为农业生产的主要劳动力；新生代农民工不愿回乡务农，或者已不懂种田，农田的季节性抛荒现象也较为常见（白海琦等，2012）等，这些现象的出现已严重影响我国的新农村建设。

二 关于实现农村剩余劳动力转移的新的认识

按传统的理解，在农业内部的转移不属于农村剩余劳动力的转移，由于我国中西部地区乡镇企业不发达，所以更多的农民工选择的是我国沿海地区的"异地"转移模式。事实上，劳动力在农业内部的转移也是农村剩余劳动力转移的方式之一，如从农业生产转移到农产品流通领域，从农业生产转移到农业技术服务等。农业发展本身也是产业分工不断深化的过程，农村剩余劳动力的出现，更多地表现为农业生产劳动力的过剩，而在农业的其他领域还是相当缺乏劳动力资源的。因此，让这一部分农村剩余劳动力在农业内部实现转移，既是农民增收的路径，也是保持农业持续和稳定发展的重要举措。经过三十多年的改革开放，我国农村的综合实力得到了加强，一部分农民已率先富裕起来，他们积累了足够多的资本。当地政府应积极引导，鼓励他们回乡创业，在带动当地经济发展的同时，也消化吸收一批农村剩余劳动力。随着人力资本成本的不断增加，我国沿海地区有相当一部分劳动密集型企业迁往内地，也为农村剩余劳动力就业提供了一条"捷径"。

总之，在对农村剩余劳动力转移内涵的认识上，要突破传统观念，从"异地"模式逐渐走向"异地"与"本地"并重的转移模式，通过产业结构的不断优化，通过制定更加科学的、切实可行的政策措施来推动农村剩余劳动力的转移工作，实现农村剩余劳动力转移与农民增收、农业发展、农村现代化同步推进的目标。

第四章 我国农村剩余劳动力转移机理探讨

第一节 理论研究概述

一 国外研究概述

西方关于农村剩余劳动力的研究,最早源于20世纪30年代西方的经济大萧条。一些国家大批城市工人为避免失业被迫接受一些知识、技能的训练,但仍得不到相应的工作,从而使其生产率远低于潜在的生产率(侯鸿翔,2000)。针对此现象,英国经济学家琼·罗宾逊提出了隐性失业概念(Disguised or Concealed Unemployment)。随后的1954年,美国经济学家刘易斯发表论文《劳动无限供给条件下的经济发展》,并用隐性失业来描述发展中国家传统农业部门那些边际生产率为0的过剩劳动力的就业现状。此后罗僧斯坦·罗丹在发展经济学中引入了一个新概念:隐性失业,即工业化过程中,从农业中分离出来,而没有影响农业产出的,那部分边际生产力等于或小于零的劳动力的就业状况(侯鸿翔,2000)。从内涵上看,他们所指的隐性失业与本章的剩余劳动力概念基本一致。

关于发展中国家的传统农业中是否存在剩余劳动力,经济学家一直存在激烈的争论。诺贝尔经济学奖得主舒尔茨教授从资源配置的角度认为,在发展中国家的传统农业中,资源的配置是完全有效率的,通过重新配置农业生产中的各生产要素,不会使农业生产有显著增长,因此不能说其中劳动力有过剩现象。然而刘易斯认为，发展中国家一般有较为庞大的传统农业部门，并且吸收了大量就业人口。过多的就业人口使农业部门劳动生产率极为低下或几乎为零，有些情况下甚至为负。他将传统农业部门中的这些劳动力称为农业剩余劳动力。目前，大多数经济学家支持后者的观点，即认为发展中国家存在大量的农业剩余劳动力。

在农村剩余劳动力的转移理论方面，国外做出突出贡献的学者有：刘易斯、费景汉、拉尼斯、托达罗、梅西等。其中，刘易斯（1954）的两部门转移模型认为，一个传统的二元经济中存在两个部门，由于农村劳动力相对于资本和土地"过剩"，使农业部门中产生大量的边际产值为零的劳动力。在劳动力流动没有障碍的情况下，如果城镇的收入水平高于农村，农村的这部分"过剩"劳动力就会向城镇转移。费景汉和拉尼斯（1961）的转移模型认为刘易斯（1954）轻视了农业生产对工业发展的推动作用，忽视了农业劳动生产率提高是农村剩余劳动力转移的必要条件并在刘易斯（1954）模型的基础上提出了注重技术变化作用的新模型，被称为"刘易斯—费景汉—拉尼斯模型"。托达罗（1969）的乡城转移理论以工资差距为基础，认为工资差距（城镇的"预期收入"）是促使劳动力从农村向城镇转移的主要动力。其他诸如新转移经济学理论、双重劳动力市场理论等，均在农村劳动力转移理论研究中做出了一定的贡献。

一般认为，对农村劳动力转移研究较为系统的理论是刘易斯的二元结构理论模型，费景汉和拉尼斯对二元结构模型进行了进一步的拓展。托达罗在费景汉—拉尼斯模型的基础上提出了二元经济配置理论。刘易斯模型的缺陷体现在许多不切实际的假定上，例如：①假定现代工业部门的资本—劳动比例始终是不变的，这与实际不符。②只强调现代工业部门的扩张而忽视了农业的发展。③只注重储蓄约束，忽视了需求约束。④发展中国家存在无限劳动供给的假定也不符合事实。传统农业部门不可能大规模存在边际生产率等于零的剩余劳动力问题。⑤假定农村存在大量的剩余劳动力，而城市中不存在失业，这不符合实际。⑥刘易斯把城市工业部门的不变工资水平作为分析的基础，这与实际情况不符。实际中，在城市存在大量失业的情况下，工业部门的工资水平没有下降反而一直在上升。

费景汉和拉尼斯在刘易斯模式的基础上提出两个概念：第一，制度工资。其量上等于农业部门的总产量除以农业部门的总劳动量，制度工资假定为不变。第二，隐性失业者。隐性失业者包括以下两个部分：①劳动边际产品为零的那部分劳动力；②劳动边际产品大于零小于不变制度工资的那部分劳动力。

拉尼斯和费景汉的模型和刘易斯模型一样，拉尼斯—费景汉模型假设条件中也存在不足之处：①农业部门存在剩余劳动力，而城市部门则是充分就业；②农业部门剩余劳动力被吸收完以前，工业部门的工资水平和农业部门的收入水平都保持不变。显然，这两个假设条件不符合很多发展中国家的实际情况。

认识到刘易斯模型和拉尼斯—费景汉模型的缺点，托达罗提出一种符合发展中国家国情的人口流动模式，即托达罗模式。托达罗模型假设：①农业部门不存在剩余劳动，城市部门中存在失业；②决定农村劳动力向城市转移的原因，不只是现实的城乡收入差距，主要是预期收入差距；③农村劳动力获得城市就业机会的概率与城市的失业率成反比；④城市工业部门的工资水平不是固定的，而是受工会等因素的影响，往往是上升的。

托达罗的劳动力转移"预期"模型可以表述为：

$$M = f(d), f' > 0 (d = w\pi - r) \tag{4.1}$$

其中，M 表示劳动力转移规模，d 表示城乡工资差距，w 表示城乡工资水平，π 表示农村劳动力在城市找到就业机会的概率，r 表示农村实际收入水平，$\pi = \gamma \cdot \dfrac{N}{S-N}$，$\gamma$ 表示现代部门工作创造率，N 表示现代部门总就业人数，$\gamma \cdot N$ 表示现代部门创造的新就业机会，S 表示现代部门总劳动力规模，$S-N$ 表示城市失业人数。其中，$f' > 0$ 表示 M 是 d 的递增函数。

托达罗模型的主要缺点在于：①该模型假定农业部门不存在剩余劳动力，这不符合大多数发展中国家的实际。许多发展中国家最大的国情是人多地少，农业生产中劳动力"过剩"现象普遍存在。②该模型还假定流入城市的农村劳动力如果找不到工作，会留在城市的非正式部门中做临时工或完全闲置，这不完全符合现实。近年来，中国东部沿海大城市出现的"民工荒",就是一个很好的反例。③农村劳动力转移与城市工人就业的关系存在正反两方面影响,竞争还是互补有待分析与考察。

二 国内研究现状

国内学者对农村剩余劳动力转移理论研究重点集中在以下几方面:

第一,对西方劳动力转移理论的修正和扩展。李实(1997)基于二元劳动力市场建立了劳动力的乡城转移模型,随后姚波(2003)在此基础上进一步修正模型并研究了二元劳动力市场分割对乡城转移的影响;周天勇(2001)结合我国实际情况对托达罗模型中的就业概率及转移成本进行了定性的修正;蔡昉(2003)参考了Easterlin的相对经济地位变化假说,并结合绝对收入差距,对托达罗模型进行了有益的补充;许和连(2012)依据"人口迁移理论",对二元经济条件下农村剩余劳动力转移的收敛机制进行理念探讨;李斌(2015)基于"推拉理论",构建包含农业技术进步、新型城镇化和农村剩余劳动力转移在内的计量模型等。

第二,对农村劳动力转移的规模、转移阶段和转移流向的研究。马侠(1999)根据1986年全国74个城镇人口转移调查资料,对乡城转移的规模进行了测算;杨云彦(2003)对乡城转移的规模和强度进行了研究;赵耀辉(1997)利用1986年全国74个城镇人口转移调查资料,对乡城转移的阶段划分进行研究;姜义昌(2013)运用Probit模型测算山西省忻州市劳动力转移数量等。

第三,对农村劳动力转移特征的研究。段成荣(2001)通过建立Logistic回归模型和人口转移分析矩阵,对我国省际人口转移的个人特征及转移的影响因素做了细致的研究;吴维平等(2002)对农村劳动力转移人口的特征进行了全面研究;蔡昉(2003)根据"五普"数据分析了农村劳动力转移人口的就业分布状况;黄祖辉等(2004)研究了农村劳动力转移人口在城市的生活意愿及留城的影响因素;王国辉(2006)基于农户净收益最大化理论研究了农村劳动力转移的决策机制;郝团虎(2012)通过构建农村剩余劳动力转移的"二元市场与二元劳动力"模型,分析农村剩余劳动力转移的特点等。

第四，对农村劳动力转移的原因和社会经济影响的研究。王桂新（1997）分析证明了收入差距和农村劳动力转移有明显的相关性；宋淑丽（2014）基于多元回归分析法开展农村剩余劳动力转移影响因素的研究；李亦楠（2014）提出，在城镇化、工业化、农业现代化"三化"协调发展中稳步推进新型城镇化建设是促进农村剩余劳动力转移就业问题有效解决的根本途径；赵德昭（2012）的研究表明，FDI形成的"拉力"和农业技术进步形成的"推力"对农村剩余劳动力转移均有显著的正向影响等；段平忠（2008）依据收敛理论，通过建立回归模型研究了农村劳动力转移对地区经济增长收敛效应的影响及程度；蔡昉（2003）研究表明，农村劳动力转移明显有助于增加农民的收入，并就户籍制度对农村劳动力转移的影响做出了定量研究；李实（1999）、于开红（2016）认为，农村劳动力转移对经济增长、提高农民收入等有重要作用；张海波（2016）通过建立面板回归模型从实证角度分析了农村剩余劳动力转移对全要素生产率增长的影响等。

国外学者从理论上对劳动力转移进行解释，已有一些机理数学模型，但其前提假设不适合中国农村劳动力转移现状，而国内的研究多为实证分析，少见适合中国国情的农村劳动力转移模型。本章从两个途径创建数学模型，一个是对托达罗模型的中国改进，另一个是根据"净变化率=输入率-输出率"的守恒原理构建我国农村劳动力转移的微分方程模型，这两个模型对于解释、预测和调控中国农村劳动力转移具有一定的指导作用及一定的理论价值。

第二节　转移机理模型的构建

基于国情，本章从理论上探析哪些因素会影响我国农村劳动力转移，如何控制各地区农村剩余劳动力的流入与流出。

一　基本假设

（一）机理模型Ⅰ的基本假定

（1）将中国的劳动力市场分为农村和城镇两个部分，主要考虑劳动力在农村内部与城镇之间的转移。

（2）农村部门人口基数较大，存在大量剩余劳动力，这部分劳动力一方面就地转移，即由农村本地农业部门转移至非农业部门；另一方面向城镇转移，构成城镇非"职工"① 劳动力的主要部分。

（3）决定农村劳动力向城镇转移的原因，不只是现实的城乡收入差距，主要是预期收入差距；不仅包括收入方面的差异，还包括个人特征、家庭特征、输出地和输入地的特征、转移成本以及制度因素等许多经济和非经济因素的影响。

（二）机理模型Ⅱ的基本假定

H_1：假定 $y(t)$ 为 t 时刻的农村劳动力转移数（单位：人），并且 $y(t)$ 是 t 的连续函数。

H_2：假定单位时间内转移的农村劳动力人数为常数 A（并设该地区农村劳动力的人群相对稳定）。

H_3：假定单位时间内维持正常的回流的农村劳动力人数为 B，同样也假定 B 为常数。

H_4：假定单位时间内因农村耕地面积、城市接纳力、转移成本、制度因素等负相关因素的影响而返乡的农村劳动力人数为 $C·y(t)$。

H_5：对于地区经济系统而言，农村劳动力的就业人数单位时间内应控制在一定数量 D 以内，D 称为临界值。

H_6：初始时刻 $t=0$ 时，农村劳动力转移数为 y_0。

（三）符号和数据说明

M——劳动力转移规模；

d——城乡工资差距；

w——城市工资水平；

π——农村劳动力在城镇实现就业机会的概率；

r——农村实际收入水平；

$C = \{C_1, C_2, C_3, C_4, C_5, C_6\}$——中国农村剩余劳动力转移影

---

① 关于"职工"的界定：指在国有、城镇集体、联营、股份制、外商和港、澳、台投资、其他单位及其附属机构工作，并由其支付工资的各类人员。不包括下列人员：（1）乡镇企业就业人员；（2）私营企业就业人员；（3）城镇个体劳动者；（4）离休、退休、退职人员；（5）再就业的离、退休人员；（6）民办教师；（7）在城镇单位中工作的外方及港、澳、台人员；（8）其他按有关规定不列入职工统计范围的人员（摘自《中国统计年鉴（2010）》）。

响因素；

C_1——受教育程度、年龄、性别、婚姻状况等；

C_2——家庭劳动力数量、人均所拥有土地数量、家庭所拥有的生产资料、家庭所拥有的现金财富、家庭中的未成年孩子数量等；

C_3——所处的地理环境、交通和通信等的发达程度、当地非农工作机会的多少等；

C_4——移民网络、输入地工作机会的获得、输入地的失业状况以及输入地政府提供公共产品的能力；

C_5——交通成本、生活成本、心理成本、为寻找工作而支付的培训成本和转移误工造成的机会成本等；

C_6——户籍制度、社会保障制度、城乡分割的劳动力市场和政府宏观调控政策等；

$y(t)$——t 时刻的农村劳动力转移数；

A——单位时间内转移的农村劳动力人数；

B——单位时间内维持正常回流的农村劳动力人数。

二 中国特色农村劳动力转移机理模型

（一）机理模型 Ⅰ

中国农村劳动力转移的影响因素除城乡收入差异和地区发展不平衡等宏观因素外，还包括个人特征、家庭特征、输出地和输入地的特征、转移成本以及制度因素等许多经济和非经济因素（胡枫，2007）。其中关于个人特征的因素（C_1）指受教育程度、年龄、性别、婚姻状况等；关于家庭特征的因素（C_2）指家庭劳动力数量、人均所拥有土地数量、家庭所拥有的生产资料、家庭所拥有的现金财富、家庭中的未成年孩子数量等；关于输出地特征的因素（C_3）指所处的地理环境、交通和通信等的发达程度、当地非农工作机会的多少等；关于输入地特征的因素（C_4）指移民网络、输入地工作机会的获得、输入地的失业状况以及输入地政府提供公共产品的能力等；转移成本（C_5）包括交通成本、生活成本、心理成本、为寻找工作而支付的培训成本和转移误工造成的机会成本等（蔡昉，2000）；制度因素（C_6）包括户籍制度、社会保障制度、城乡分割的劳动力市场和政府宏观调控政策等。

中国特色的农村劳动力转移模型 I 是在托达罗模型的基础上改进而来的，可以表述为：

$$M = f(d, C) \ f'_d > 0 [d = w\pi - r, C = (C_1, \cdots, C_6)] \quad (4.2)$$

模型（4.2）中，M 表示劳动力转移规模，d 表示城乡工资差距，w 表示城市工资水平，π 表示农村劳动力在城镇实现就业机会的概率，r 表示农村实际收入水平，$f'_d > 0$ 表示 M 是 d 的递增函数。

影响劳动力转移的正相关因素有：因素 C_1 中的受教育程度；因素 C_3 中的当地非农就业机会和发达的交通与通信设施；因素 C_4 中的输入地政府提供公共产品的能力、输入地工资的高低；因素 C_6 中的国家刺激经济增长的政策如十大产业振兴计划和"四万亿"投资计划等。

影响劳动力转移的负相关因素有：因素 C_1 中的年龄；因素 C_2 中的家庭中未成年孩子数量、家庭所拥有的现金财富制约和人均拥有土地量；因素 C_4 中的输入地工作机会获取的难易程度和输入地失业率；因素 C_5 中的劳动力转移成本，包括为寻找工作而支付的培训成本以及生活成本等；因素 C_6 中的制度障碍、金融危机等客观经济形势。

在劳动力转移的已有研究中，更多的是对劳动力转移的理论描述，对转移模型中预期收入的研究还未成熟，为了更接近现实，在托达罗人口迁移模型的基础上，最终建立了中国劳动力转移模型I，其具体形式为：

$$M = f[V(0), C] \text{ i.e. } V(0) = \int_0^n [P(t)Y_u(t) - Y_\gamma(t)]e^{-\gamma t}dt - C(0), C = (C_1, \cdots, C_6) \quad (4.3)$$

式中，$V(0)$ 表示转移者计划期内预期城乡收入差异的净贴现值，$Y_u(t)$、$Y_\gamma(t)$ 分别表示 t 个时期城市和农村的实际工资率，n 表示计划范围内的时期数，γ 代表贴现率，$C(0)$ 表示转移成本，$P(t)$ 表示 t 个时期一个农村转移劳动力累加的就业概率，$C = (C_1, \cdots, C_6)$ 表示影响中国农村劳动力转移的特殊因素。

由式（4.3）可知，①劳动力在做出转移决策时主要考虑城乡预期收入差异的净贴现值，而非即期绝对收入差距。②在其他条件不变的情况下，一个农村转移劳动力在城镇待的时间越长，其获得正规部门工作的机会就越大，从而其预期收入也越高。③在城乡预期收入差距较大时，即使城市的失业率较高，大量劳动力还是会转移到城市，这可以解释一些特大城市如北京、上海等地农民工大量涌入的现象。④在研究中国农村劳动力转移时，应该考虑特殊影响因素 $C = (C_1, \cdots, C_6)$。

（二）机理模型Ⅱ

1. 问题分析

引起中国农村劳动力转移现象的原因是复杂的，但其动机在于获取更高的预期收入。一个地区的农村劳动力转移的影响因素，除了上文列出的6个因素外，一般来说还与经济发展政策实施力度，以及正常的社会经济秩序有关。

下面建立劳动力转移的微分方程模型。

2. 模型的建立

按微观模式的守恒原理：净变化率 = 输入率 − 输出率，考虑在 Δt（或 $[t, t+\Delta t]$）时间间隔内，有：

$$y(t+\Delta t) - y(t) = [A - B - Cy(t)]\Delta t \tag{4.4}$$

令 $a = A - B$，$b = C$，则式（4.4）可表示为：

$$\begin{cases} y(t+\Delta t) = y(t) + [a - by(t)]\Delta t \\ y(0) = y_0 \end{cases} \tag{4.5}$$

式（4.4）为差分方程初值问题，其恒等变形为：

$$\frac{y(t+\Delta t) - y(t)}{\Delta t} = a - by(t) \tag{4.6}$$

令 $\Delta t \to 0$，结合 $H_1, H_2, \cdots, H_6$ 最终建立的农村劳动力转移模型为：

$$\begin{cases} \dfrac{dy}{dt} = a - by \\ y(0) = y_0 \end{cases} \tag{4.7}$$

3. 模型求解

模型（4.7）初值问题为一阶常系数非齐次方程（一阶线性常微分方程）的柯西问题，两边同乘 e^{bt} 得：

$$e^{bt}\frac{dy}{dt} + e^{bt} \cdot by = a \cdot e^{bt} \tag{4.8}$$

解得：
$$\begin{cases} \dfrac{d}{dt}(e^{bt}y) = a \cdot e^{bt} \\ y(0) = y_0 \end{cases} \tag{4.9}$$

因而，有：$y(t) = y_0 e^{-bt} + \dfrac{a}{b}(1 - e^{-bt}) > 0 \tag{4.10}$

显然，$\lim_{t\to\infty} y(t) = \dfrac{a}{b}$，i. e. $\dfrac{A-B}{C}$ （4.11）

4. 模型结果分析

（1）式（4.11）说明，只要调节适当，随时间的推移，农村劳动力转移数可达"一定规模"［为了达到一定量的农村劳动力转移规模 m，只要适当地选取 a、b 和时刻 t_0，可使 $y(t_0) = m$］，即可以通过扩大城镇就业容量以实现一定规模的农村劳动力转移量。

现实社会中，城镇就业成本与城镇就业强度、农村劳动力规模、法律制约与农村劳动力群体的素质等方面有关系，农村劳动力不转移是不可能的。只要农村劳动力转移得以产生的社会条件还存在，这种现象就不会自动消失。

（2）农村劳动力如何转移？即怎样才能保证农村劳动力转移的数量呢？

根据模型（4.11）可看出：通过增大 a 或减小 b 可达到劳动力转移目的。

方案1：增大 $a = A - B$。

第一，增大 A 也就是发展经济，扶持吸引农村劳动力就业的源头企业。具体方法可采用加大对相关源头企业的投入、扶植的力度，制定更有利的政策环境和相应的贷款优惠政策等。

第二，保持并逐步减小 B，即农村劳动力转移是一场持久战，在单位时间内维持正常社会经济发展的城镇就业容量要常抓不懈，逐步增加常规城镇就业容量。

方案2：减小 b。

增加政府部门开展某种城镇就业工作的力度，可减少农村劳动力回流的数量。

由于城镇就业容量的限制，建议采用"重点突破"，即把注意力和主要财力集中起来，鼓励那些对农村劳动力转移最有益、最有影响的相关产业的发展。

上述探讨说明"适当调控城镇就业源头，放宽政府、相关部门对农村劳动力转移的限制可增加农村劳动力转移量"。

第五章 农民工市民化政策演变

第一节 相关概念界定

一 农民工

1978年改革开放以来，中国农村开始实行家庭联产承包责任制。家庭联产承包责任制的实施，促进了一大批乡镇企业如雨后春笋般发展起来，这些企业逐步成为乡镇经济发展的主要推动力。家庭联产承包责任制提高了农民生产的积极性，带动了农业生产效率的大幅提高，农村剩余劳动力增加；另外，家庭联产承包责任制的发展带来的乡镇企业的发展，也使农村剩余劳动力有机会获得新的工作机会，劳动人口的迁移也就相应地出现了由农村到城市、由经济落后地区向经济发达地区迁移的特点。随着企业对于劳动力的需求不断加大，为了满足经济发展的需要，我国对于人口流动的管制逐渐放开，大批农村剩余劳动力进入非农部门工作，农民工群体由此诞生。农民工是世界工业化历史上的一个新概念，是中国在特殊的历史时期出现的一个特殊的群体。

"农民工"概念的提出，经历了一个历史的过程。20世纪50年代初期，每年都有大量农村人口由于贫困等原因流入城市，1953年4月，国务院颁布的《劝止农民盲目流入城市的指示》，首次提出"盲流"的概念。这时的"盲流"称谓和后来的"农民工"有所差异，所有未经许可即离开乡土，盲目流入城市的农民都是"盲流"，而后者是在国家政策允许的背景下公开进入城市或异地农村的农村劳动力。但两者在离乡外出和农村户籍上是一致的,因此"盲流"往往被认为是"农民工"的前身。由于"盲流"一词具有强烈的歧视色彩,20 世纪 80 年代,随着农村劳动力大量涌入城市,在外来农民与当地居民冲撞与融合的过程中,逐渐开始用"打工仔""打工妹"等称谓来取代"盲流"。虽然这一称谓较"盲流"而言对外出务工的人群有所尊重,但是仍然带有贬义及歧视。此外,"打工仔""打工妹"等称谓更口语化,难以作为书面语应用于研究等正式领域。

1984 年中国社会科学院教授张雨林在《社会学通讯》发表的一篇文章中,首次提出"农民工"一词,他在调查我国乡镇企业和小城镇发展时,把带着农民身份的在小城镇、乡镇企业中从事非农产业劳动的劳动者概称为"农民工"。由于这一称谓比较符合外来务工经商的农村居民的特征,此外消除了"盲流""打工仔""打工妹"等称谓所带有的歧视性色彩,更易被人们所接受。"农民工"称谓虽然广为流传,不同学者对"农民工"的定义也不同,具体如表 5-1 所示。

表 5-1 不同学者对农民工的定义

角度	代表文献	定义要点
户籍、产业	刘世定等(1995)	来自农村,具有农村户籍身份,转入非农产业就业的劳动力
	田凯(1996)	户口尚在农村,而来城市以从事各种"自由职业"为其主要经济来源的人
	郑功成(2002)	具有农村户口身份却在城镇或非农领域务工的劳动者
	贺汉魂等(2006)	在城市中从事工业活动但保留农民身份的人
	薛翔(2007)	户口仍在农村,但在城市从事非农业劳动的劳动者
	李培林等(2007)	具有农业户籍身份从事第二、第三产业劳动的工资收入者
户籍、产业、土地	陆学艺(2003)	农业户口,户籍身份是农民,在家承包有集体的耕地,但他们在乡镇企业上班,主要从事第二、三产业劳动,拿乡镇企业的工资
	中国农民工问题研究总报告起草组(2006)	户籍身份是农民、有承包土地,但主要从事非农产业、以工资为主要收入来源的人员
	刘传江(2004)	从农民中率先分化出来、与农村土地保持着一定经济联系、从事非农业生产或经营、以工资收入为主要来源,而不具有城镇居民身份的非农产业从业人员

续表

角度	代表文献	定义要点
户籍、产业、劳动关系	王玉玫（2003）	具有农村居民户口，在城镇受雇主雇佣从事非农产业劳动并获取工资收入的一群人
	王春光（2005）	被雇佣去从事非农活动、属于农业户口的农村人口
户籍、产业、务工时间	程必定等（2003）	常年或大部分时间在城市企业务工，但户籍仍在农村的一个社会群体
	国家统计局（2016）	户籍仍在农村，在本地从事非农产业或外出从业6个月及以上的劳动者

显然，关于"农民工"的定义学者们并不完全一致，但关于"农民工"的"农民"社会身份和"工"职业身份，大家看法基本一致。本书关于农民工概念的理解更倾向于国家统计局关于农民工的定义，具体定义为：户籍在农村，在城镇从事非农业劳动6个月及以上的劳动者。其定义涵盖了四个关键要素：户籍、工作地点、从事职业、外出时间，包括本地农民工与外地农民工两种类型。

"农民工"实际上是农业剩余劳动力（在农村劳动力中剔除从事农业生产的必要劳动力的那部分农业人口），直接体现的是进城务工人员的身份和职业，但在日常使用中还是带有一定的歧视色彩，所以"农业转移人口"逐渐成为热词。相对而言，"农业转移人口"较为含蓄和中性。"农业转移人口"称谓的产生和使用，最早可以追溯到2009年12月召开的中央经济工作会议："要把解决符合条件的农业转移人口逐步在城镇就业和落户作为推进城镇化的重要任务……"，但"农业转移人口"的内涵要比"农民工"更加丰富，既有农业剩余劳动力，又包含农村非劳动适龄人口。

二 农民工市民化

对农民工关注的重点之一在于他们从农村向城镇转移，进而逐步成为城镇居民的过程，即农民工市民化。学术界关于"农民工市民化"内涵的理解不尽相同，具体如表5-2所示。

表 5-2　　　　　　　不同学者对农民工市民化的理解

观点	代表文献	要点
二层次论	王桂新等（2008）	农民工市民化是农民工在城市社会环境中逐步向城市居民转变的过程，具有城市户籍、享有同等待遇
三层次论	魏后凯等（2013）	农民工市民化是农民工获得城市居民身份，平等享有城市居民待遇并完全融入城市生活的过程
	朱力（2005）	农民工市民化界定在经济、社会、心理三个层面，其中经济层面的适应是获得一份稳定的职业；社会层面的适应是指逐渐习惯城市的生活方式和社交方式；心理层面的适应反映了农民工对城市生活的认同
四层次论	刘传江等（2004）	农民工市民化是农民工克服各种障碍最终逐步转变为市民的过程和现象，包括生存职业、社会身份、自身素质以及意识行为四个层面的含义
	赵立新（2006）	农民工市民化是离开原居住地半年以上并在城市务工经商的农民逐步向城市居民转化的过程，具有四个方面的含义：户口性质的变动、地域的转换、产业的转换、文化的转变
	申兵（2011）	农民工市民化就是农民工实现职业与社会身份向城市居民转变的过程，具体表现在四个方面：职业身份转变、居住地域转变、生活方式转变、行为模式转变
五层次论	詹玲等（2005）	农民工市民化就是农民工在身份、地位、价值观、社会权利以及生产生活方式五个方面向市民转化
	姜作培（2003）	农民工市民化就是借助工业化的推动，实现农民工在身份、地位、价值观念、工作方式及生活方式五个层面向城市市民转化的社会经济过程
	简新华等（2008）	农民工市民化体现在生存职业、社会身份、自身素质、行为意识和生活质量市民化五个层面

表 5-2 列举的不同学者关于农民工市民化概念主要从"层次"的角度加以理解，也有学者从"阶段"角度加以诠释，如毛哲山（2013）根据农民工形成和发展将农民工市民化划分成职业城市化、地域城市化、身份城市化和人的城市化四个历史阶段。

工业化提高了农业劳动生产率，产生大量的农村剩余劳动力需要向城市转移，由于中国的工业化、非农化与市民化并未同步发展，农民在向市民的转变过程中，未能像美国、日本那样一蹴而就，而是经历了从农民到农民工的转变，再由农民工向市民的转化过程，在这一过程中，经历生存、发展、融合三个不同历史阶段，每一阶段既有分工，又相互交融。生存阶段涉及：①职业市民化，即在正规的劳动力市场上拥有一份非农产业工作；②经济市民化，即有足够的、相对稳定的收入。发展阶段涉及：①身份市民化，即实现身份角色的转变，完成从农民工到市民身份的转化；②权利市民化，即与城镇居民享有同等的社会福利、社会保障和公共服务。融合阶段主要涉及自身素养市民化，即农民工的素质进一步提高，在生产生活方式、行为、意识、价值观等方面融入现代社会，农民工与城市居民之间具有相互认同感，从而形成相互包容、和谐共存的多元城市文化。

农民工市民化实现度是指农民工与城市居民之间的趋同化程度，即以城市居民为比较标准，农民工在城市中的居住、工作、生活、权利、自身素养等方面与城市居民的趋同度。该指标直接刻画了农民工市民化进程状况，用0到1（100%）的数加以表达。

农民工城市融入度是指农民工群体在生产方式、行为、意识、价值观等方面融入城市社会的程度，同样，可用0到1（100%）的数值加以表达，该指标数值越大，表明农民工融入城市社会的程度越高，当数值为1（100%）时，表明农民工已完成市民化阶段。

第二节　有序推进农民工市民化

"十二五"时期是推进农民工市民化的关键时期，把符合落户条件的农业转移人口逐步转为城镇居民作为推进城镇化的重要任务。党中央、国务院主要从使农民工在城镇落户和享有与居住地居民相同的基本公共服务两方面制定相关政策有序推进农民工市民化。

一是深化户籍制度改革。2010年《中华人民共和国国民经济和社会发展第十二个五年规划纲要》提出，尊重农业转移人口居住地的自主选择权，逐步把已经在城镇居住一定时间并且具有稳定劳动关系的农民工和家属变为城镇居民。2013年中央一号文件《关于加快发展现代农业进一步增强农村发展活力的若干意见》明确指出，农民工取得城市户口是实现城镇化的重要任务，加快改革户籍制度，进一步落实放宽在小城镇和中小城市落户条件的政策。2014年3月出台的《国家新型城镇化规划（2014—2020年）》提出放开小城镇落户限制的同时放宽大中城市落户条件，7月《国务院关于进一步推进户籍制度改革的意见》提出，到2020年努力实现1亿左右农业转移人口和其他常住人口在城镇落户的目标。

二是逐步完善使农民工享有同城市居民相同基本公共服务的相关制度。党的十八大报告中提出努力实现城镇基本公共服务覆盖全部常住人口。随后党中央、国务院深入贯彻党的十八大精神制定了一系列相关政策。2013年中央一号文件《关于加快发展现代农业进一步增强农村发展活力的若干意见》指出，加强农民工职业培训、社会保障、权益保护，保障农民工平等享有劳动报酬、子女教育、公共卫生、计划生育、住房租购、文化服务等基本权益，努力实现城镇基本公共服务覆盖全部常住人口。2014年，中央一号文件《关于全面深化农村改革加快推进农业现代化的若干意见》提出全面实行流动人口居住证制度，逐步使持有居住证的农民工和当地居民享受相同的基本公共服务，保障农民工同工同酬；《国家新型城镇化规划（2014—2020年）》提出，要逐步使在城镇就业居住但未落户的农业转移人口同样享受到城镇基本公共服务。2015年中央一号文件《关于加大改革创新力度加快农业现代化建设的若干意见》提出，保障进城农民工及其随迁家属平等享受城镇基本公共服务，扩大社会保险覆盖面，完善随迁子女相关教育政策，进一步寻找可以使农民工享受城镇保障性住房的具体办法。"十二五"时期党中央、国务院出台的有序推进农民工市民化政策文件，具体见表5-3。

"十二五"时期党中央、国务院不断深化户籍改革制度，由开始的放宽中小城市和小城镇落户条件到逐步放开大城市落户条件，随着农民工在城镇落户范围不断扩大，逐步解决农民工及其家属在城镇落户问题，实现1亿左右农民工和其他常住人口在城镇落户的伟大目标。逐步、逐项地推动城镇基本公共服务覆盖全部常住人口。实行居住证制度，使持有居住证的人享有与居住地居民相同的基本公共服务，进一步扩大到进城农民工及其随迁家属都可以同等享受城镇基本公共服务，并且各项权益覆盖面积不断扩大，有序推进了农民工市民化进程。

表5-3　　　"十二五"时期国家政策及主要内容

年份	政策文件名称	主要内容
2011	《中华人民共和国国民经济和社会发展第十二个五年规划纲要》	逐步稳定地将农业转移人口转变为城市居民。一是尊重农业转移人口居住地的自主选择权；二是对具有在城镇落户条件的农民工，坚持因地制宜，逐步推进；三是不具备在城镇落户条件的农民工，要加强对他们的权益保护，改善公共服务
2012	党的十八大报告	一是进一步加快户籍改革制度；二是争取实现城镇的基本公共服务覆盖全部常住人口
2013	《关于加快发展现代农业进一步增强农村发展活力的若干意见》〔2013〕中央一号文件	一是加快户籍改革制度，进一步落实农民工在小城镇和中小城市落户条件放宽的政策；二是加强农民工基本权益的保护，如社会保障、子女教育、住房租购、文化服务等
2014	《关于全面深化农村改革加快推进农业现代化的若干意见》〔2014〕中央一号文件	一是加大力度推进户籍制度改革，全面实行流动人口居住证制度；二是逐步使持有居住证的农民工和当地居民享受相同的基本公共服务
2014	《国家新型城镇化规划（2014—2020年）》	一是放开小城镇落户限制的同时放宽大中城市落户条件；二是积极推进城镇基本公共服务向在城镇就业但未落户的农业转移人口提供；三是强化政府职责，集中社会力量，多方合作共同推进农业转移人口市民化
2014	《国务院关于进一步推进户籍制度改革的意见》（国发〔2014〕25号）	一是调整户口迁移政策，统一城乡户口登记和全面实施居住证制度；二是争取实现到2020年1亿左右农业转移人口和其他常住人口在城镇落户的目标
2015	《关于加大改革创新力度加快农业现代化建设的若干意见》〔2015〕中央一号文件	一是通过促进农民工转移就业和创业来增加他们的收入；二是保障农民工享受到城镇基本公共服务，例如，扩大社会保险覆盖面，完善随迁子女相关教育政策等；三是保障农民工在城镇落户后土地、宅基地的权益

第三节　加快推进农民工市民化

"十三五"时期，积极推进以人为核心的新型城镇化，落实和完善居住证制度，进一步做好农民工服务工作，使更多农民工成为有技能的新型产业工人和平等享受权益的新市民，这对于打好扶贫攻坚战、促进社会公平正义具有重大意义。

一是统筹推进户籍制度改革。2016年《国务院印发国家人口发展规划（2016—2030年）的通知》（国发〔2016〕87号）提出将城市分为超大、特大、大中小城市和建制镇，根据城市类别进行差别化落户，全面实行居住证制度。2018年《国家发展改革委关于实施2018年推进新型城镇化建设重点任务的通知》（发改规划〔2018〕406号）强调要全面放宽农民工在城市落户的条件，中小城市和建制镇要取消放开落户限制。

二是加快实现基本公共服务覆盖全部常住人口。2016年中央一号文件《关于落实发展新理念加快农业现代化实现全面小康目标的若干意见》指出，全面实施居住证制度，建立健全与在城市居住时间等条件相关联的基本公共服务提供机制，努力实现基本公共服务覆盖全部常住人口。2016年国务院印发的《关于实施支持农业转移人口市民化若干财政政策的通知》指出，基本公共服务保障范围包括全部持有居住证的人，创造条件加快实现基本公共服务常住人口全覆盖。2018年中央一号文件《关于实施乡村振兴战略的意见》指出，促进有意愿、符合条件的农业转移人口在城镇有序落户，依法平等享受城镇公共服务。

三是完善农民工就业服务，提高农民工职业技能。2016年中央一号文件《关于落实发展新理念加快农业现代化实现全面小康目标的若干意见》指出，进一步完善农村劳动力转移就业服务体系，大力支持就近就地转移就业。《国家人口发展规划（2016—2030年）》指出，提高农村劳动力转移就业能力，大力培养新型农民。2017年中央一号文件《关于深入推进农业供给侧结构性改革加快培育农业农村发展新动能的若干意见》提出，完善农业劳动力转移就业服务体系，鼓励多渠道就业。2018年中央一号文件《关于实施乡村振兴战略的意见》指出，健全覆盖城乡的公共就业服务体系，大规模开展职业技能培训，促进农民工多渠道转移就业，提高他们的就业质量。《国家发展改革委关于实施 2018 年推进新型城镇化建设重点任务的通知》要求落实农民工职业技能提升计划，制定终身职业技能培训的政策；实施"求学圆梦行动"，并且依靠职业院校大力支持农民工非学历培训和继续学历教育；实施东西协作进行职业教育行动的计划，促进贫困地区劳动力转移就业。"十三五"时期党中央、国务院出台的加快推进农民工市民化政策文件，具体见表 5-4。

表 5-4　　　　"十三五"时期国家政策及主要内容

年份	政策文件名称	主要内容
2016	《中华人民共和国国民经济和社会发展第十三个五年规划纲要》	一是加大户籍制度改革力度，使农业转移人口和城镇居民享受同等权利，根据连续居住时间、参加城市社会保险时间等条件实行差异化落户；二是全面实施居住证制度；三是健全促进农业转移人口市民化相关机制
2016	《关于落实发展新理念加快农业现代化实现全面小康目标的若干意见》〔2016〕中央一号文件	一是进一步推进户籍制度改革，加快实现大约 1 亿农民工及常住人口在城镇落户的目标；二是建立与在城镇居住时间相挂钩的基本公共服务提供机制；三是进一步维护农民工相关权益，完善农民工随迁子女在城镇参加中考的政策，维护已实现市民化农民工农村土地、宅基地的相关权益
2016	《国家人口发展规划（2016—2030 年）》（国发〔2016〕87 号）	一是根据农业转移人口所在城市规模进行差别化落户，促进农业转移人口就近市民化；二是进一步深化户籍制度改革，保障拥有居住证的农业转移人口享受到基本公共服务和办事便利；三是深化与农业转移人口市民化相关的财政制度改革，建立市民化成本分担机制；四是建立在城市落户的农业转移人口"三权"自愿有偿退出机制
2016	《关于实施支持农业转移人口市民化若干财政政策的通知》（国发〔2016〕44 号）	一是加强地方政府的责任意识，健全支持农业转移人口市民化的财政机制；二是加大对农业转移人口数量较多地区的支持力度；三是引导在城市已落户农业转移人口自愿有偿转让"三权"

续表

年份	政策文件名称	主要内容
2017	《关于深入推进农业供给侧结构性改革加快培育农业农村发展新动能的若干意见》〔2017〕中央一号文件	一是完善农民工与城市居民平等就业制度，鼓励农民工多渠道就业；二是加强保障农民工合法权益
2017	党的十九大报告	加快农业转移人口市民化
2018	《关于实施乡村振兴战略的意见》〔2018〕中央一号文件	一是促进农民工多渠道转移就业，提高就业质量；二是深化户籍制度改革，有序推进有意愿、符合条件的农业转移人口在城镇落户；三是将已经取得城市户籍的农业转移人口全部纳入城镇住房保障体系
2018	《国家发展改革委关于实施2018年推进新型城镇化建设重点任务的通知》（发改规划〔2018〕406号）	一是全面放宽农业转移人口在城市落户的条件；二是向持有居住证但未落户的农业转移人口提供城市基本公共服务和办事便利，例如，公办学校向农民工随迁子女开放，异地就医直接结算等；三是加强落实"人地钱挂钩"政策，加大对农民工落户多的地区的财政资金奖励；四是提高农民工融入城市的能力，提高农民工职业技能
2018	《国务院关于落实〈政府工作报告〉重点工作部门分工的意见》（国发〔2018〕9号）	一是扩大跨省异地就医直接结算范围；二是扩大农民工就业范围，解决拖欠农民工工资问题

  这些政策文件围绕贯彻落实"十三五"规划纲要提出的"加快农业转移人口市民化"，对加快推进农业转移人口市民化的总体目标、指导思想、政策措施等方面作出了全面的部署安排。随着国家对农民工市民化政策的不断调整与完善，农民工享受城镇住房、教育、医疗、卫生等基本公共服务范围的不断扩大，农民工在城镇落户人数将大为增加，目前已有8000多万农业转移人口成为城镇居民①，农民工市民化的步伐也将大为加快。

---

  ① 国家统计局：《统筹人口发展战略　实现人口均衡发展》，国家统计局网，http://www.stats.gov.cn。

在习近平新时代中国特色社会主义思想指导下,需要从顶层设计上研究农民工问题,从制度上解决好农民工权益保障问题,把握和顺应农民工发展规律,并进行超前谋划,明确农民工市民化问题的战略方向,制定和完善涉及农民工的全局性、前瞻性、整体性的政策体系(金维刚等,2016),使农民工市民化工作顺应时代发展的潮流,确保农民工在共建共享发展中有更多获得感、幸福感。

第六章 农民工群体特征分析

为准确反映农民工的规模、流向、分布等情况,国家统计局于 2008 年建立起农民工监测调查制度,在农民工输出地开展监测调查,调查范围涉及全国 31 个省(自治区、直辖市)的农村地域。基于 2008—2015 年"农民工监测调查报告",对农民工群体的基本特征加以分析。

第一节 数量特征

一 规模变化

从总规模来看,农民工总量持续上升。2008 年农民工数量为 22542 万人,2015 年达到 27747 万人,8 年间增加 5205 万人,年平均增长率约为 3.01%。具体见图 6-1。

图 6-1 2009—2015 年农民工总量及增长率

由图 6-1 可知，受 2008 年金融危机的影响，2009 年较 2008 年农民工数量增加幅度较小，随着经济回暖，2010 年较 2009 年农民工数量增幅较大，达到 5.4%，但自 2011 年以来农民工总量增速始终处于下行的态势。

总之，农民工总量虽有所增加，但其增长幅度正逐年下降，农民工就业正从总量压力为主，向就业和招工"两难"的结构性矛盾转变。随着多年农民工大规模持续转移，农业劳动力已不再是一个取之不尽的"蓄水池"，农民工市民化需要关注与破解"结构性就业矛盾"问题。

从外出农民工规模来看，外出农民工与农民工总量及其增长率的走势大致相同，具体见图 6-2。2009—2015 年，外出农民工总量逐年增长，2009—2015 年逐年增长率分别为 3.5%、5.5%、3.4%、3.0%、1.7%、1.3% 和 0.4%。

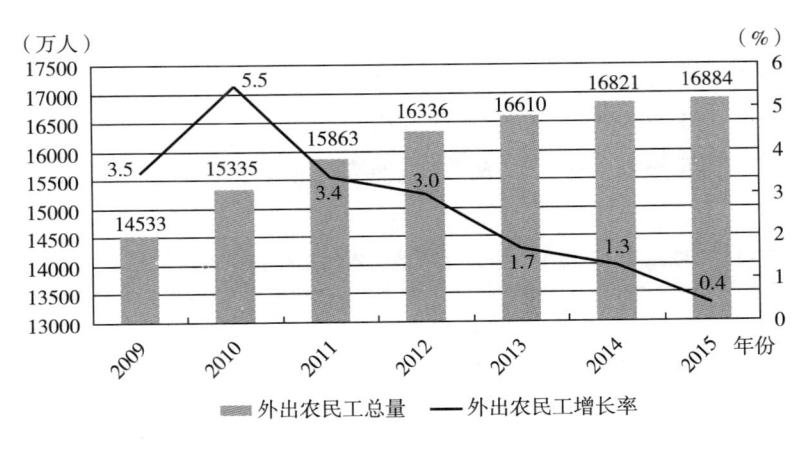

图 6-2　2009—2015 年外出农民工总量及增长率

从本地农民工规模来看，2009 年相对于 2008 年出现负增长，说明金融危机对本地农民工的影响较大；随着金融危机影响的逐渐消退，地方经济复苏，2010—2011 年，本地农民工的增速较大，相对前一年，其增长率分别达到 5.2%、5.9%；其后，本地农民工的数量逐年下降，但其下降的幅度相对较小。具体见图 6-3。

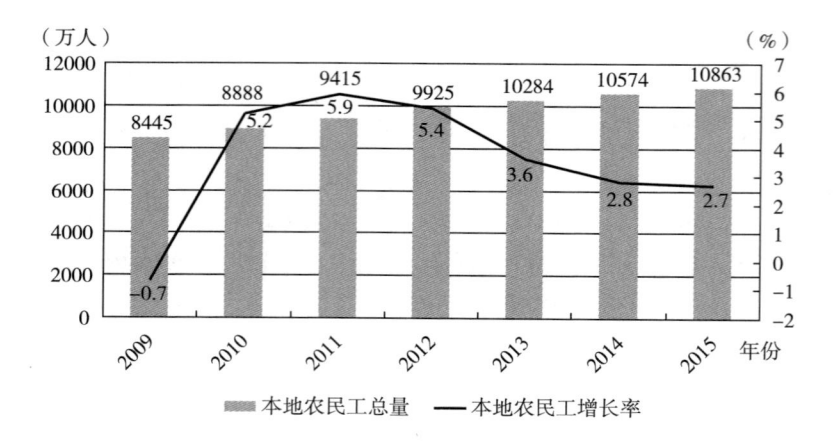

图 6-3　2009—2015 年本地农民工总量及增长率

二　地域分布

由表 6-1 可知，东部地区农民工数量正逐步减少，而中西部地区农民工数量逐年增加，2008—2015 年，东部农民工数量所占比例下降了 4.3 个百分点，而中、西部农民工数量所占比例分别上升了 3.2 个、1.1 个百分点。这说明，随着产业升级和产业转移，中西部地区对农民工的吸引力正不断加强，形成了东中西部之间农民工的合理流动。

表 6-1　2008—2015 年东、中、西部地区农民工数量所占比例情况　　单位：%

年份 地区	2008	2009	2010	2011	2012	2013	2014	2015
东部	43.1	43.6	43.2	42.7	42.6	38.9	38.9	38.8
中部	31.4	31.1	31.5	31.4	31.5	34.7	34.5	34.6
西部	25.5	25.3	25.3	25.9	25.9	26.4	26.6	26.6
合计	100.0	100.0	100.0	100.0	100.0	100.0	100.0	100.0

注：东部地区包括北京、天津、河北、辽宁、上海、江苏、浙江、福建、山东、广东、海南 11 个省（市）；中部地区包括山西、吉林、黑龙江、安徽、江西、河南、湖北、湖南 8 省；西部地区包括内蒙古、广西、重庆、四川、贵州、云南、西藏、陕西、甘肃、青海、宁夏、新疆 12 个省（区、市），下同。

第二节 结构特征

一 性别结构

2008—2015 年,农民工中男性占比保持在 66% 左右,女性占比在 34% 左右,男性农民工大约是女性农民工的 2 倍。男性一直以来都是农民工群体中的主力军,一方面这与我国农村家庭中男女社会分工有关,另一方面也体现了"男主外、女主内"的社会传统文化思想。具体见表 6 – 2。

表 6 – 2　　　　2008—2015 年农民工总量中男性与女性占比　　　　单位:%

性别\年份	2008	2009	2010	2011	2012	2013	2014	2015
男性	65.1	65.1	65.1	65.9	66.4	66.7	67.0	66.4
女性	34.9	34.9	34.9	34.1	33.6	33.3	33.0	33.6

注:2008 年和 2013 年数据由插值法推算得来。

二 年龄结构

根据 2008—2015 年已有的农民工年龄监测的分布数据,将年龄段划分为 16—20 周岁、21—30 周岁、31—40 周岁、41—50 周岁和 50 周岁以上计五组,见表 6 – 3。

表 6 – 3　　　　　　2008—2015 年农民工年龄构成　　　　　　单位:%

年龄\年份	2008	2009	2010	2011	2012	2013	2014	2015
16—20 周岁	5.2	6.8	6.5	6.3	4.9	4.7	3.5	3.7
21—30 周岁	32.5	36.5	35.9	32.7	31.9	30.8	30.2	29.2
31—40 周岁	22.7	22.3	23.5	22.7	22.5	22.9	22.8	22.3
41—50 周岁	24.8	23.1	21.2	24.0	25.6	26.4	26.4	26.9
50 周岁以上	14.8	11.3	12.9	14.3	15.1	15.2	17.1	17.9

注:①2008 年数据由插值法推算得来;②2009 年监测数据是将 16—30 周岁年龄段划分为 16—25 周岁和 26—30 周岁,故根据 2010—2015 年数据对 2009 年的 16—20 周岁、21—30 周岁阶段比重进行调整。

由表6-3可知，2008—2015年，青壮年（16—30周岁）虽然占农民工总量的比重较大，但总体所占比重处于下降态势。其中16—20周岁农民工比重由2008年的5.2%降低至2015年的3.7%，平均降幅达0.2%；21—30周岁农民工比重由2008年的32.5%降低至2015年的29.2%，平均降幅达0.4%。31—40周岁农民工所占比重在2008—2015年变化不大，大约为22.5%。41—50周岁、50周岁以上农民工所占比重总体上处于上升态势，其所占比重分别由2008年的24.8%、14.8%上升到2015年的26.9%、17.9%，分别增加2.1个和3.1个百分点。由此可见，农民工群体仍以青壮年为主，但是年轻农民工所占比重呈现出下降趋势，这与我国这些年高等教育的长足发展不无关系。高等教育发展使农村中年青一代很大一部分进入高校，他们中部分人员已融入城市、拥有一份较为稳定的工作，撕去"农民工"标签，但另一部分人员依然游离于城乡之间，并没有从根本上改变自身的农民工身份。这无形中改变了农民工供给的结构，使农民工群体呈现老化的态势。

第三节 其他特征

一 文化素质

用人均受教育年限作为衡量人口文化素质高低的指标。设未上过学、小学、初中、高中、大专及以上的受教育年限分别为0、6、9、12、16年，则有公式：

$$Y = 0 \times A + 6 \times B + 9 \times C + 12 \times D + 16 \times E \tag{6.1}$$

其中，Y为当年人均受教育年限，A、B、C、D、E分别表示未上过学（含扫盲班）、小学、初中、高中（含中专）、大专及以上的文化程度农民工占当年农民工总量的比重。

（一）农民工总体文化素质

由式（6.1）计算2010—2015年农民工群体人均受教育年限，见表6-4。

由表6-4可知，未上过学的农民工占比最低，为1.3%左右，小学文化程度的农民工所占比重在15%左右，这说明有1/6的农民工文化程度偏低。初中文化程度的农民工占绝大多数，大约60%，这说明大多数农民工仅接受完义务教育就进城务工。大专及以上文化程度的农民工所占比重逐年上升，而高中文化程度的农民工所占比重有所下降，这意味着，一方面农民工越来越注重自身文化素质的提升，接受高中教育，还希望进一步学习深造；另一方面说明尽管不少农家子弟经过自己努力，迈入大学门槛，但未能从根本上改变自身的农民工身份。

表6-4　　　　2010—2015年总体农民工文化程度构成　　　　单位:%

受教育程度 \ 年份	2010	2011	2012	2013	2014	2015
未上过学	1.3	1.5	1.5	1.2	1.1	1.1
小学	12.3	14.4	14.3	15.4	14.8	14.0
初中	61.2	61.1	60.5	60.6	60.3	59.7
高中	18.4	17.7	18.0	16.1	16.5	16.9
大专及以上	6.8	5.3	5.7	6.7	7.3	8.3
人均受教育年限（年）	9.54	9.34	9.38	9.38	9.46	9.57

注：2008—2009年由于数据缺失，未能计算农民工群体人均受教育年限，但并不影响分析。

进一步，农民工人均受教育年限在9.50年左右，整体已略高于初中文化程度。在现代农民工家庭中，持"读书无用论""不如不读书，早点去打工"等观点的家庭不在少数，但随着现代社会的发展，老一代农民工对子女的教育也非常重视，他们希望通过提高子女的受教育水平，改变下一代命运，不再重复他们自身艰辛的务工路。

（二）两类农民工文化程度比较

从外出与本地农民工比较来看，外出农民工的文化程度要略高于本地农民工的文化程度，具体见表6-5。

由表6-5可知，未上过学的农民工中，外出农民工所占比重要低于本地农民工所占比重，大约低0.6个百分点；同样，在具有小学文化程度的农民工中，外出农民工所占比重又低于本地农民工所占比重，大约低7个百分点；初中文化程度农民工作为农民工群体的主体，外出农民工与本地农民工所占比重几乎相当，都在60%左右；具有高中文化程度的外出农民工与本地农民工比重也几乎相当，大约在17%，外出农民工所占比重稍占优势。大专及以上文化程度外出农民工所占比重明显优于本地农民工所占比重，高4个百分点左右，这意味着高学历农民工更倾向于异地就业。

表6-5　　2011—2015年外出农民工文化程度构成　　单位:%

受教育程度	2011年 外出	2011年 本地	2012年 外出	2012年 本地	2013年 外出	2013年 本地	2014年 外出	2014年 本地	2015年 外出	2015年 本地
未上过学	0.9	2.1	1.0	2.0	0.9	1.6	0.9	1.6	0.8	1.4
小学	10.7	18.4	10.5	18.4	11.9	18.9	11.5	18.1	10.9	17.1
初中	62.9	59.0	62.0	58.9	62.8	58.4	61.6	58.9	60.5	58.9
高中	18.5	17.1	18.7	17.1	16.2	16.0	16.7	16.2	17.2	16.6
大专及以上	7.0	3.6	7.8	3.6	8.2	5.1	9.3	5.2	10.6	6.0
人均受教育年限（年）	9.64	9.04	9.70	9.03	9.62	9.13	9.73	9.16	9.88	9.28

从人均受教育年限来看，本地农民工的人均受教育年限要低于外出农民工，大约低0.6年。

二　流向分析

外出农民工流向分为省内与省际流动，按东、中、西部对其流向构成加以分析，具体见表6-6。

由表6-6可知，相对而言，东部地区的农民工更倾向于省内流动，而中部和西部地区农民工更倾向于省际流动，这主要与我国东、中、西部地区经济发展差距有关。东部地区经济发展水平相对较高、就业机会较多，区域内农民工无须跨省流动，就能实现就业；而中西部地区经济发展水平相对较低，农民工更愿意跨省流动寻求更好的发展机会。进一步，从区域内部来看，东部地区外出农民工省内流动比例达到80%以上，而省际流动不足20%，并具有下降趋势；尽管中部地区外出农民工主要以省际流动为主，但随着中部崛起，外出农民工省内流动比例有所提高，2015年接近40%，而跨省流动比例有所下降；西部地区外出农民工省内流动比例呈现逐年提高的态势，其比例在 2015 年达到 46.5%，几乎接近省际流动农民工所占比例。随着我国经济发展步入"新常态"以及新型城镇化的逐步推进，中西部地区将有更多的发展机会，中西部地区外出农民工的流向构成中，呈现省内流动比例逐步提高、省际流动比例逐步降低的发展态势。

表 6-6 2008—2015 年外出农民工流向构成情况 单位:%

年份	东部 省内	东部 省际	东部 合计	中部 省内	中部 省际	中部 合计	西部 省内	西部 省际	西部 合计
2008	79.7	20.3	100.0	29.0	71.0	100.0	37.0	63.0	100.0
2009	79.6	20.4	100.0	30.6	69.4	100.0	40.9	59.1	100.0
2010	80.3	19.7	100.0	30.9	69.1	100.0	43.1	56.9	100.0
2011	83.4	16.6	100.0	32.8	67.2	100.0	43.0	57.0	100.0
2012	83.7	16.3	100.0	33.8	66.2	100.0	43.4	56.6	100.0
2013	82.1	17.9	100.0	37.5	62.5	100.0	45.9	54.1	100.0
2014	81.7	18.3	100.0	37.2	62.8	100.0	46.1	53.9	100.0
2015	82.7	17.3	100.0	38.9	61.1	100.0	46.5	53.5	100.0

三 地点选择

将外出农民工流动地点分为直辖市、省会城市、地级市、小城镇和其他五种类型，2008—2015 年其流动地点的构成情况，如表 6-7 所示。

表 6-7 2008—2015 年外出农民工城市流动构成 单位:%

年份 地点	2008	2009	2010	2011	2012	2013	2014	2015
直辖市	9.1	9.1	8.8	10.3	10.0	8.5	8.1	8.6
省会城市	21.0	19.8	19.4	20.5	20.1	22.0	22.4	22.6
地级市	34.4	34.4	34.8	33.9	34.9	33.4	34.2	35.1
小城镇	33.8	32.3	32.8	33.4	34.1	35.7	34.9	33.3
其他	1.8	4.4	4.2	1.9	0.9	0.4	0.4	0.4

注:2008 年数据由插值法得来。

由表 6-7 可知，2008—2015 年，农民工流动地点构成比例并没有大的变化，大约有 8.5% 的农民工在直辖市务工，在省会城市务工农民工比例达到 22.0% 左右，在地级市、小城镇务工农民工比例最高，差不多均在 34% 左右，两者占到外出农民工数量的 2/3。

相对直辖市和省会城市，地级市和小城镇生活成本低，而且随着新型城镇化推进，大量基础工程与公共服务设施建设，农民工在地级市和小城镇的发展机遇也越来越多。因而，地级市与小城镇将会成为接纳农民工的主阵地。

四 就业情况

农民工走出农村、外出务工，一般从事的是第二、第三产业工作，选取农民工较为集中的第二、第三产业中具有代表性的行业进行分析，包括第二产业中的制造业、建筑业，第三产业中的批发和零售业，交通运输、仓储和邮政业，住宿和餐饮业与居民服务、修理和其他服务业。具体见表 6-8。

表 6-8　2008—2015 年农民工行业分布情况　　　　单位：%

行业 \ 年份	2008	2009	2010	2011	2012	2013	2014	2015
第二产业								
制造业	37.2	36.1	36.7	36	35.7	31.4	31.3	31.1
建筑业	13.8	15.2	16.1	17.7	18.4	22.2	22.3	21.1
合计	**51.0**	**51.3**	**52.8**	**53.7**	**54.1**	**53.6**	**53.6**	**52.2**
第三产业								
批发和零售业	9.0	10.0	10.0	10.1	9.8	11.3	11.4	11.9
交通运输、仓储和邮政业	6.4	6.8	6.9	6.6	6.6	6.3	6.5	6.4
住宿和餐饮业	5.5	6	6	5.3	5.2	5.9	6.0	5.8
居民服务、修理和其他服务业	12.2	12.7	12.7	12.2	12.2	10.6	10.2	10.6

续表

行业 \ 年份	2008	2009	2010	2011	2012	2013	2014	2015
合计	33.1	35.5	35.6	34.2	33.8	34.1	34.1	34.7
其他①	15.9	13.2	11.6	12.1	12.1	12.3	12.3	13.1
合计	100.0	100.0	100.0	100.0	100.0	100.0	100.0	100.0

注：①"其他"包含第一产业、第二产业中除制造业、建筑业之外的其他产业，以及第三产业中除批发和零售业，交通运输、仓储和邮政业，住宿和餐饮业，居民服务、修理和其他服务业之外的其他产业。

由表6-8可知，农民工主要就业于第二产业中制造业、建筑业，其就业人数占到农民工总人数的50%以上，具体来看，在制造业就业人数达到30%，虽然就业人数有下降的趋势，但制造业依然不失为农民工就业的重要行业；建筑业的就业人数虽然在2008年只达到13.8%，但增长速度较快，至2015年其就业人数占比达到21.1%。一方面在于制造业与建筑业基本属于比较艰苦的行业，工作环境较为恶劣、工作强度较大，本地居民从事这类行业的人数相对较少，由于其收入相对较高、所需技术水平相对较低，农民工为养家糊口，愿意从事这份工作；另一方面由于我国经济发展步入"新常态"，制造业发展受限，而受房地产市场的影响，建筑工人需求量较大，所以呈现制造业就业人数相对下降而建筑业就业人数相对上升的局面。

第三产业也是农民工就业主要去向，其就业人数占到农民工总人数的30%以上，但第三产业中的批发和零售业，交通运输、仓储和邮政业，住宿和餐饮业，居民服务、修理和其他服务业又是农民工就业的主要行业。进一步，由表6-8可知，批发和零售业农民工就业人数达到10%以上，近几年虽有所上升，但上升的幅度不大，基本维持在11%左右；交通运输、仓储和邮政业，住宿和餐饮业这两大行业农民工就业人数占比在近几年只有较小变化，基本维持在6.5%与6%左右；居民服务、修理和其他服务业农民工人数近几年虽有所下降，但基本维持在10%—12%。总之，这四大行业占到农民工总就业人数的34%左右。

五 收入情况

(一) 人均月收入变化情况

1. 外出农民工

根据2008—2015年外出农民工人均月收入情况，计算2009—2015年外出农民工人均月收入的增长率，具体如表6-9所示。

表6-9　　　　2008—2015年外出农民工人均月收入情况

年份 收入	2008	2009	2010	2011	2012	2013	2014	2015
人均月收入（元）	1340	1417	1690	2049	2290	2609	3108	3359
人均月收入增长率（%）	—	5.7	19.3	21.2	11.8	13.9	19.1	8.1

由表6-9可知，外出农民工的人均月收入逐年提高，由2008年的1340元提高到2015年的3359元，年均提高14.3%。从逐年农民工人均月收入增长率来看，不同年份的增长率并不均衡，由于受金融危机的影响，2009年相对于2008年人均月收入增长仅有5.7%，而2011年相对于2010年外出农民工人均月收入增长达到21.2%。由于我国经济增速的逐步放缓，预计未来外出农民工人均月收入增速将有所放缓，其增长率在10%左右。

同城镇单位就业人员平均月工资比较，2008—2015年，其年均月平均工资提高11.5%，略低于外出农民工人均月收入年均提高比率，但城镇单位就业人员平均工资年增长率较为稳定，基本维持在11%左右，与外出农民工人均月收入相比，两者间的收入差距具有扩大的趋势，由2008年的1068元差距扩大到2015年1810元的差距。这说明外出农民工的收入有所提高，但与城镇单位就业人员相比，其提高的幅度较为有限。

2. 本地农民工

相对于外出务工农民工，本地农民工月均收入要低一些，以2015年为例，从绝对数来看，外出农民工月均收入为3359元，而本地务工农民工月均收入仅有2781元，低578元；从相对数来看，2015年相对于 2014 年，外地农民工月均收入增长 8.1%，而本地农民工月均收入只增长 6.7%，低 1.4 个百分点。

（二）分区域分析

2008—2015 年分东、中、西部三个区域分析农民工人均月收入，具体如表 6-10 所示。

表 6-10　　2008—2015 年东、中、西部农民工人均月收入情况　　单位：元

年份 地区	2008	2009	2010	2011	2012	2013	2014	2015
东部	1352	1422	1696	2053	2286	2693	2966	3213
中部	1275	1350	1632	2006	2257	2534	2761	2918
西部	1273	1378	1643	1990	2226	2551	2797	2964

由表 6-10 可知，三个区域农民工人均月收入都处于上升的态势，上升的幅度也基本相同，2008—2015 年东、中、西部地区农民工人均月收入年均增长率分别为 13.2%、12.6%、12.8%。但总体来说，东部地区农民工人均月收入要高于中部地区，中部与西部相当，如 2008 年东部地区农民工人均月收入高于中、西部地区分别达到 77 元、79 元，至 2015 年分别达到 295 元、249 元。预计未来，三个区域农民工收入虽有差异，但随着中西部地区的崛起，这种差异不会太大。

六　消费情况

根据近几年农民工月消费支出监测情况来看，农民工人均月消费支出呈现逐年增长的态势，2012—2015 年年均名义增长率达到 11.4%，具体如表 6-11 所示。

表 6-11　　　　2012—2015 年农民工人均月消费支出　　　　单位：元

年份 消费	2012	2013	2014	2015
人均月消费支出	733	892	944	1012

分区域来看，东、中、西部地区农民工人均月消费支出呈现东、西部地区相当，略高于中部地区的态势，以2015年为例，东、西部外出农民工人均月消费分别为1028元、1025元，二者仅相差3元，较中部地区分别高出117元、114元，具体见表6-12。

表6-12 2013—2015年东、中、西部地区农民工人均月消费支出　　单位：元

地区 \ 年份	2013	2014	2015
东部	902	954	1028
中部	811	861	911
西部	909	957	1025

七　居住情况

根据农民工居住情况，将其居住形式分为单位宿舍、工地工棚、生产经营场所、与他人合租住房、独立租赁住房、务工地自购房、乡外从业回家居住、其他，具体居住情况如表6-13所示。

表6-13　2008—2015年农民工不同居住形式所占比例情况　　单位：%

居住形式 \ 年份	2008	2009	2010	2011	2012	2013	2014	2015
单位宿舍	35.1	33.9	33.8	32.4	32.3	28.6	28.3	28.7
工地工棚	10.0	10.3	10.7	10.2	10.4	10.9	11.7	11.1
生产经营场所	6.8	7.6	7.5	5.9	6.1	6.8	5.5	4.8
与他人合租住房	16.7	17.5	18.0	19.3	19.7	19.1	18.4	18.1
独立租赁住房	18.8	17.1	16.0	14.3	13.5	17.6	18.5	18.9
务工地自购房	0.9	0.8	0.9	0.7	0.6	0.9	1.0	1.3
乡外从业回家居住	8.5	9.3	9.6	13.2	13.8	13.1	13.3	14.0
其他	3.2	3.5	3.5	4.0	3.6	3.0	3.3	3.1
合计	100.0	100.0	100.0	100.0	100.0	100.0	100.0	100.0

由表 6-13 可知，外出农民工中，在单位宿舍居住的所占比例较高，达到 30% 左右；其次为与他人合租住房、独立租赁住房，所占比例大约均在 18%；而在务工地自购房所占的比例最少，仅有 1% 左右。2008—2015 年，各居住形式所占比例变化不大，预计随着农民工收入的不断提升、农民工市民化进程的推进，在务工地自购房的比例将有所上升，但上升的幅度不会太大，但随着农民工回流，本地农民工数量的增加，乡外从业回家居住的比例上升的幅度相对较大。同时，由于农民工特别是新一代农民工对自身居住条件要求的提高，独立租赁住房的比例也会有一个幅度相对较大的提升。

八 权益保障

（一）劳动时间与强度

2010—2015 年外出农民工劳动时间和强度，如表 6-14 所示。

表 6-14　　2010—2015 年外出农民工从业时间和强度

劳动时间 \ 年份	2010	2011	2012	2013	2014	2015
全年外出从业时间（月）	9.8	9.8	9.9	9.9	10.0	10.1
平均每月工作时间（天）	26.2	25.4	25.3	25.2	25.3	25.2
平均每天工作时间（小时）	9.0	8.8	8.7	8.8	8.8	8.7
日工作超过 8 小时的比重（%）	49.3	42.4	39.6	41.0	40.8	39.1
周工作超过 44 小时的比重（%）	90.7	84.5	84.4	84.7	85.4	85.0

由表 6-14 可知，农民工全年外出从业时间大约在 10 个月，虽然 2010—2015 年有所增加，但增加幅度不大。一方面常年在外务工的农民工希望在春节期间与家人团聚，另一方面部分农民工需要随着季节回家乡照看家里的农田。农民工平均每月的工作时间达到 25 天以上、平均每天的工作时间达到 8.8 小时左右、日工作超过 8 小时的比重也基本达到 40% 以上，85% 左右的外出农民工周工作时间超过 44 小时，处于超负荷的工作状态。一方面部分农民工为多挣钱，愿意多付劳力换取加班费；另一方面也存在部分用工单位为提高工作效率，要求农民工加班

加点。总之,我国农民工工作时间较长、工作环境也较差,其生存环境亟待改善。

(二)劳动合同签订

表 6-15 反映的是 2008—2015 年农民工签订劳动合同情况。从表 6-15 可以看出,农民工与用人单位签订劳动合同的比例并不高,2015 年仅有 36.2%,并具有下降的趋势。一方面反映农民工法律意识的淡薄,另一方面也说明我国法律环境的不健全,有些农民工虽然与用人单位签订了劳动合同,但当其合法权益受到侵害时,并不能给其权益带来足够的保护,农民工感觉签与不签一个样,干脆就不签了。

表 6-15   2008—2015 年农民工签订劳动合同比例情况   单位:%

年份	2008	2009	2010	2011	2012	2013	2014	2015
签订合同比重	41.9	42.8	42.0	43.8	43.9	38.1	38.0	36.2

(三)工资拖欠情况

从农民工群体来看,2013—2015 年被拖欠工资的农民工比例分别达到 1%、0.8%、1%,表明近几年农民工被拖欠工资情况依然严重。其原因一方面在于部分用工单位恶意拖欠农民工工资;另一方面很多用工单位往往到年底才清算农民工工资,一旦发生资金链断裂,就极易造成农民工工资被拖欠的情况。

从分区域情况来看,2013—2015 年东、中、西部地区农民工被拖欠工资比例情况,如表 6-16 所示。

表 6-16   2013—2015 年东、中、西部地区农民工
被拖欠工资比例情况   单位:%

地区 \ 年份	2013	2014	2015
东部	0.8	0.5	0.8
中部	1.2	1.2	1.5
西部	1.2	1.1	1.3

由表 6-16 可知，中西部地区农民工被拖欠工资情况较为严重，2015 年较 2014 年分别上升了 0.3 个、0.2 个百分点，而东部地区稍好，比中西部地区低 0.6—0.7 个百分点。相较而言，拖欠农民工工资的比例有所上升。

从分行业来看，2013—2015 年不同行业农民工被拖欠工资比例情况，如表 6-17 所示。

表 6-17　2013—2015 年不同行业农民工被拖欠工资比例情况　　单位：%

年份 行业	2013	2014	2015
制造业	0.9	0.6	0.8
建筑业	1.8	1.4	2.0
批发和零售业	0.1	0.3	0.3
交通运输、仓储和邮政业	0.9	0.5	0.7
住宿和餐饮业	0.6	0.3	0.3
居民服务、修理和其他服务业	0.3	0.3	0.3

由表 6-17 可知，建筑业拖欠农民工工资的情况较为严重，主要与很多地方政府特别二、三线城市过度依赖土地财政，兴建楼房，一旦商品房库存大、市场需求不旺，开发商发生资金链断裂，就极易造成拖欠农民工工资情况的发生。除建筑业外，制造业，交通运输、仓储和邮政业拖欠农民工工资情况也较为严重，所占比例较高，2015 年较 2014 年均上升了 0.2 个百分点。其他行业情况稍好，所占比例较低，2015 年同 2014 年相比，并没有发生较大变化。

第七章 市民群体对农民工的认知度

"社会距离是最形式化也是最普遍化的社会关系,社会关系则是社会交往过程的结果。社会距离因此可以被界定为一种社会关系与其他社会关系发生关联时所产生的情境(condition)"(郭星华等,2004)。在中国,农民工一直处于一种比较尴尬的地位。较低的心理融合和文化融合程度、较低的收入水平与消费水平,均导致农民工群体与当地城镇居民之间产生较远的社会距离(黄侦等,2015)。无论是农民工群体本身还是城市居民,都没有完全将长期生活在城市中的农民工视作城市居民。他们不同于市民的不仅表现在没有城市户口,而且还表现在他们无法享受依附于城市户口上的各种市民待遇,无法完全地融入城市社会。可以说,他们是没有城市户口和市民身份的"准市民"(张玉鹏,2015)。农民工实现市民化,既需要农民工自身层面的努力、政府层面的支持,也需要来自市民群体的理解与关爱。

第一节 研究对象

为客观了解市民群体对农民工的心理认知,在江苏省域范围内选取区位差异较大、农民工群体分布不均的 8 个城市的市区进行调查,分别为南京、无锡、苏州、扬州、南通、宿迁、徐州、连云港。设计的变量有:

(1)"性别":男、女。

(2)"年龄":16—25 周岁、26—30 周岁、31—40 周岁、41—50 周岁、51—60 周岁、61 周岁及以上。

（3）"受教育程度"：初中及以下、高中（职高）、大专、大学本科、硕士研究生及以上。

（4）"家庭人均月收入"：3000 元以下、3000—4000 元、4000—5000 元、5000—6000 元、6000—7000 元、7000—8000 元、8000—9000 元、9000—10000 元、10000—15000 元、15000—20000 元、20000—30000 元、30000 元以上。

（5）"工作单位性质"：企业、事业单位、国家行政机关、政府、其他。

（6）"对自己形容"：老城市居民，父母来自农村。

（7）"所在区域"：苏北、苏中、苏南。

一 样本特征分析

通过对 800 份有效问卷加以分析：

调查对象中，男性市民占有效调查问卷人数的 48.13%，女性市民占比 51.87%；受教育程度为初中及以下的被调查者约占总数的 12.63%，高中占比 30.88%，大专占比 21.88%，本科占比 31.74%，硕士研究生及以上占比 2.87%；被调查者中 16—25 周岁年龄段占比 36.50%，26—30 周岁年龄段占比 24.00%，31—40 周岁年龄段占比 18.25%，41—50 周岁年龄段占比 16.00%，51—60 周岁年龄段占比 4.00%，61 周岁及以上占比 1.25%。其中，老城市市民占比 47.62%，父母来自农村占比 43.38%，其他占比 9.0%。

综上所述，调查对象男女比例大致相同；受教育程度普遍偏高，具有高中及以上学历的调查者所占比重达到 80% 以上；40 周岁及以下的被调查者所占比例较大；被调查者中老城市市民与父母来自农村比重相对均衡。

二 描述性分析

（一）市民与农民工的接触和交往程度

对于"是否愿意和农民工交往"，从调查结果可以看出，82.63% 的市民表示"愿意"和农民工交往，5.37% 的市民明确表示"不愿意"和农民工交往，其余的 12.00% 的市民则表示"说不清"。而对于"是否与农民工接触或交往过",66.75%的市民表示只"偶尔说过几句话",选择"经常接触"的市民所占比例为25.75%,仅仅7.50%的市民表示"从来没有"。

具体从江苏三大地区来看,利用SPSS V21.0对三个地区进行交叉表分析,三个地区市民与农民工交往意愿程度,如表7-1所示。

表7-1　　　　　不同地区市民与农民工交往的意愿程度

			是否愿意交往			合计
			愿意	不愿意	说不清	
所在区域	苏北	人数(人)	253	20	27	300
		所占比例(%)	84.33	6.67	9.00	100.00
	苏中	人数(人)	167	8	25	200
		所占比例(%)	83.50	4.00	12.50	100.00
	苏南	人数(人)	241	15	44	300
		所占比例(%)	80.33	5.00	14.67	100.00
合计		人数(人)	661	43	96	800
		所占比例(%)	82.63	5.37	12.00	100.00

由表7-1可知,苏北、苏中和苏南三个地区市民表示"愿意"和农民工交往的所占比例分别为84.33%、83.50%、80.33%,苏北地区稍高、苏南地区稍低,但总体差异不大,均在80%以上。

综上,在心理上,大部分市民是愿意和农民工交往的,但在实际生活中,市民与农民工接触的机会并不多。

(二)子女与农民工子女接触的态度分析

针对"是否愿意让子女与农民工的子女在同一所学校就读",从调查结果看,81.00%的市民持"愿意"态度,9.75%的市民明确表示"不愿意",9.25%则表示"说不清"。对于持"愿意"态度的市民,在关于"是否愿意孩子和农民工的孩子成为朋友"问题的回答中,83.12%的市民表明"愿意",7.00%的市民"不愿意"自己的子女和农民工的子女成为朋友,9.88%的市民对此问题"说不清"。从以上问题来看,对于子女教育、交友问题,大多数市民没有对农民工子女有区别地对待。

从三个地区来看，苏南、苏中、苏北地区市民对"是否愿意让子女与农民工子女在同一所学校就读"持"愿意"态度的占比分别为79.33%、83.27%、81.01%，"不愿意"所占的比例分别为6.99%、10.74%、12.00%，"说不清"所占的比例分别为13.68%、5.99%、6.99%。总之，三个地区市民对于"是否愿意自己的子女与农民工子女在同一所学校就读"的问题基本持肯定态度，所占的比例在80%左右。

（三）对于农民工的话题感兴趣程度

对于"和身边的人讨论农民工方面的问题"，从调查结果来看，12.75%的市民表示身边的人"很感兴趣"，而75.75%的市民则觉得身边的人"不是很感兴趣"，11.50%的市民则认为周围人"反感，选择其他话题"。

从三个地区来看，苏南、苏中、苏北地区对于"和身边的人讨论农民工方面的问题"时，觉得身边的人"很感兴趣"的市民所占比例分别为12.67%、13.50%、12.33%，认为"不是很感兴趣"的市民所占比例分别为78.00%、72.50%、75.67%，认为周围人"反感，选择其他话题"的市民所占比例分别为9.33%、14.00%、12.00%。对于上述问题三个地区的市民呈现大致相似的态度，"不是很感兴趣"占很大一部分，大约在75%。尽管大部分市民愿意和农民工交往，然而对于农民工群体的话题市民的感兴趣程度并不是很高，这也在一定程度上反映了农民工群体并不能真正得到所在务工城市市民的接纳。

（四）所在城市对农民工是否公平

针对"所在城市对农民工是否公平"问题的回答，33.88%的被调查市民认为"不公平"。从"不公平"的原因分析来看，44.28%的被调查市民认为是由"城市政策、制度"造成，31.36%的被调查市民认为是由"城市人歧视"造成，17.71%的被调查市民认为是由"农民工自身整体形象"造成，6.65%的被调查市民认为是由"多重因素或者其他因素"造成。

从三个地区来看，苏南、苏中、苏北三个地区被调查市民认为所在城市对农民工"不公平"所占的比例分别为37.67%、27.00%、34.67%。在"不公平"的原因中，认为由"城市政策、制度"造成的被调查市民所占比例分别为 47.79%、50.00%、37.50%；认为由"城市人歧视"造成的被调查市民所占比例分别为 33.63%、33.33%、27.88%；认为由"农民工自身整体形象"造成的被调查市民所占比例分别为 11.50%、7.41%、29.81%；认为由"多重因素或者其他因素"造成的被调查市民所占比例分别为 7.08%、9.26%、4.81%。

第二节 对农民工认知度的影响因素分析

一 变量设置

为分析不同市民群体对农民工认知度的影响因素，采用多项 Logistic 回归。为便于进行定量验证性研究，对各影响因素的不同选项加以赋值，具体见表 7-2。

表 7-2　　　　　　　　多项 Logistic 变量赋值

	因素	水平数	测量与赋值
因变量	交往意愿	3	1. 愿意；2. 不愿意；3. 说不清
自变量	性别	2	1. 男；2. 女
	年龄	6	1.16—25 周岁；2.26—30 周岁；3.31—40 周岁；4.41—50 周岁；5.51—60 周岁；6.61 周岁及以上
	受教育程度	5	1. 初中及以下；2. 高中（职高）；3. 大专；4. 大学本科；5. 硕士研究生及以上
	家庭人均月收入	12	1.3000 元以下；2.3000—4000 元以下；3.4000—5000 元以下；4.5000—6000 元以下；5.6000—7000 元以下；6.7000—8000 元以下；7.8000—9000 元以下；8.9000—10000 元以下；9.10000—15000 元以下；10.15000—20000 元以下；11.20000—30000 元以下；12.30000 元以上
	工作单位性质	5	1. 企业；2. 事业单位；3. 国家行政机关；4. 政府；5. 其他
	对自己形容	3	1. 老城市市民；2. 父母来自农村；3. 其他
	所在区域	3	1. 苏北；2. 苏中；3. 苏南

二 模型构建

以交往意愿为因变量,构建多项 Logistic 回归模型,进一步探究不同性别、年龄、受教育程度、家庭人均月收入、工作单位性质、对自己形容以及所在区域对农民工不同认知度的影响。模型为:

$$\ln\left(\frac{p(\text{int}=i)}{p(\text{int}=j)}\right) = \alpha_0 + \alpha_1 sex + \alpha_2 age + \alpha_3 edu + \alpha_4 inm + \alpha_5 wor + \alpha_6 sel + \alpha_7 loc \tag{7.1}$$

其中,sex 为性别,age 为年龄,edu 为受教育程度,inm 为家庭人均月收入,wor 为工作性质,sel 为对自己形容,loc 为所在区域;$p(\text{int}=i)$ 和 $p(\text{int}=j)$ 分别表示市民愿意与农民工交往处于不同水平的概率,$i=1$ 或 2,$j=3$。采用 SPSS V21.0 构建多项 Logistic 回归模型,其检验结果见表 7-3。

表 7-3　　　　　　　　　模型拟合信息

模型	模型拟合标准	似然比检验		
	-2 倍对数似然值	卡方	df	显著水平
截距	879.329			
最终	705.264	174.066	58	0.000

表 7-3 呈现的是所构建回归方程的显著性检验指标,可以看到,似然比检验的 p 值小于 0.05,说明模型具有统计意义上的合理性。进一步,对各变量做似然比检验,其结果如表 7-4 所示。

表 7-4　　　　　　　　　似然比检验

效应	模型拟合标准	似然比检验		
	简化后的模型的 -2 倍对数似然值	卡方	df	显著水平
截距	705.264	0	0	—
年龄	742.222	36.958	10	0.000
受教育程度	725.337	20.073	8	0.010
家庭人均月收入	758.484	53.221	22	0.000
工作单位性质	739.796	34.532	14	0.002
对自己形容	721.118	15.854	4	0.003

表7-4呈现的是自变量"年龄""受教育程度""家庭人均月收入""工作单位性质""对自己形容"的似然比检验指标。其中,似然比检验卡方一列,反映了各个自变量在模型中产生的效应。除"性别"和"所在地区"外,其他各因素对农民进城意愿的影响均显著。回归模型参数估计结果,见表7-5。

表7-5 回归模型参数估计结果

	模型1（int=2）			模型2（int=3）		
	B	Wald	Sig.	B	Wald	Sig.
截距 intercept	-30.692	0.000	0.998	-14.015	0.000	0.999
age=1	16.107	218.647	0.000	-3.510	8.223	0.004
age=2	15.363	174.489	0.000	-4.127	11.134	0.001
age=3	16.192	211.740	0.000	-4.981	14.658	0.000
age=4	15.889	192.931	0.000	-3.510	8.136	0.004
age=5	15.196			-19.429	0.000	0.989
age=6	0			0		
edu=1	-0.161	0.022	0.882	0.503	0.187	0.666
edu=2	0.447	0.254	0.615	1.176	1.140	0.286
edu=3	-0.868	0.810	0.368	1.350	1.491	0.222
edu=4	-1.144	1.564	0.211	1.036	0.914	0.339
edu=5	0			0		
inm=1	-4.700	12.571	0.000	-0.312	0.120	0.729
inm=2	-3.930	15.121	0.000	-0.737	0.679	0.410
inm=3	-2.214	6.754	0.009	-0.486	0.299	0.584
inm=4	-1.427	2.866	0.090	-1.237	1.722	0.189
inm=5	-3.331	9.098	0.003	-1.046	1.150	0.284
inm=6	-3.559	7.287	0.007	-0.320	0.107	0.743
inm=7	-18.795	0.000	0.994	-16.786	0.000	0.992
inm=8	-2.276	2.959	0.085	-0.766	0.425	0.515
inm=9	-2.679	5.416	0.020	-0.842	0.711	0.399
inm=10	-18.131	0.000	0.998	-0.421	0.084	0.772
inm=11	-17.029			-2.790	0.000	1.000

续表

	模型1 (int=2)			模型2 (int=3)		
	B	Wald	Sig.	B	Wald	Sig.
$inm=12$	0			0		
$wor=1$	14.630	0.000	0.999	16.962	0.000	0.999
$wor=2$	15.442	0.000	0.999	16.831	0.000	0.999
$wor=3$	14.386	0.000	0.999	16.761	0.000	0.999
$wor=4$	14.275	0.000	0.999	16.621	0.000	0.999
$wor=5$	-1.161	0.000	1.000	13.851	0.000	0.999
$sel=1$	0.544	0.431	0.511	-1.138	9.811	0.002
$sel=2$	0.248	0.087	0.768	-1.427	15.148	0.000
$sel=3$	0			0		

由表7-5可知，以与农民工交往"说不清"与"愿意"概率比为反应变量的各分类自变量的偏回归系数大多不显著，不具有统计学意义，其主要原因在于持"说不清"态度的市民，易于改变态度，故此处对持"说不清"态度的市民不做专门讨论。

三 结果分析

（1）"性别"属性对农民工不同认知度的影响不显著。在95%的显著性水平下，该因素对农民工认知度的影响并不显著，即不同性别的市民对农民工认知度的影响并没有差异。

（2）"年龄"属性对农民工不同认知度的影响显著。在95%的显著性水平下，年龄段16—25周岁以及31—40周岁的市民相对其他年龄段更愿意与农民工交往。

（3）"受教育程度"属性作为农民工认知度的影响因素之一，但不同层次的"受教育程度"对农民工认知度的影响并不显著。在95%的显著性水平下，所受教育水平的高低对农民工认知度水平没有明显的影响。

（4）"家庭人均月收入"属性对农民工认知度的影响不完全显著。在90%的显著性水平下，低收入、中等收入等变量对农民工认知度的影响显著,而高收入变量影响并不显著。

(5)"工作单位性质""所在区域"属性对农民工认知度的影响不显著。在95%的显著性水平下,工作单位性质、所属区域对外来务工人员认知度的影响并不显著,即对外来务工人员认知度水平没有明显的影响。

第三节 研究启示与不足

一 研究启示

随着改革开放以来城市经济的持续性发展和城市化进程的推进,越来越多的农村人口涌入城市,并且小城市人口逐渐向大城市涌入。农民工已经成为城市劳动力中重要的组成部分,成为城市经济社会发展中一个不可忽视的重要力量。他们为城市建设做出了巨大贡献,却受到了城乡二元分割的户籍制度及其所衍生出的其他一系列制度与非制度因素造成的社会融入歧视,从而导致了农民工与不同阶层的市民的社会矛盾、利益冲突越来越频繁,部分地区甚至因此引发群体性事件的发生。而随着观念的更新,与以前一心想着"打工""流动"不一样的心态是:现今许多农民工越来越渴望能够融入务工城市,并成为城市中的一员。因此,重视农民工社会融入问题,消除其社会融入的壁垒和障碍,提升市民对农民工的认知度是建设和谐社会的必然要求。以上研究发现:不同性别、受教育程度、工作单位性质、所在区域等因素对农民工的认知度并没有显著影响,相对而言,年青一代市民由于部分父母来自农村,甚至本身成长在农村,而成长在城市的年青一代市民由于在其成长的过程中,一直有农民工的相伴,因而他们更易接纳农民工;低收入市民家庭与农民工群体基本处于城市收入底层,他们对农民工的接纳程度相对较高,而对于城市的高收入群体,在其生活与工作中,离不开农民工的身影,所以相对而言,也更易接纳农民工。因而,加强老一代、中等收入城市居民与农民工群体的交流与沟通,提高他们对农民工群体的认可度,对于改善农民工城市融入的人文环境,推进农民工市民化进程具有重要的意义。

二 研究不足

市民群体对农民工的认知度既有市民自身的认识问题,也有农民工群体的素质问题,其影响因素较为复杂。同时,不同城市市民对农民工认知度也会存在一定的差异。

第八章 农民工市民化实现度研究

第一节 引言

目前,关于农民工市民化实现度测度主要基于人口学观点,其研究集中于两个方面:一是评价指标体系的构建;二是利用构建的评价体系对特定区域或特定阶层的农民工市民化进程、程度等加以测算。从测量指标体系构建上看,学者们对指标体系构建的研究总体上可以分为两类:第一类是以刘传江教授为代表,从经济学的意愿和能力出发,主要通过市民化能力和市民化意愿来构建指标体系;第二类是以王桂新教授为代表,从微观的角度出发构建一套涵盖市民化内涵的多维度的综合指标体系。国内学者针对农民工市民化实现度研究的代表性成果,见表8-1。

表8-1　　农民工市民化实现度测算代表性研究成果

代表文献	研究要点	特点与不足
马用浩 (2006)	市民化指标体系应包括人口素质、思想观念、行为方式、社会权利、生活质量、社会参与等方面内容	未能构建指标体系并进行实证分析
王桂新等 (2008)	从微观主体角度构建农民工市民化评价指标体系,包括居住条件、经济生活、社会关系、政治参与和心理认同五个维度20个指标,采用综合指标法对上海市农民工市民化实现度进行测算	忽略农民工的自身素质因素对市民化的影响,采用等权赋权方式

续表

代表文献	研究要点	特点与不足
刘传江等（2009）	从生存职业、社会身份、自身素质、意识行为四个方面15个指标，运用综合指标法对新生代农民工市民化实现度进行测度	采用专家赋值法赋权
张斐（2011）	从经济层面、社会层面、心理层面三个维度9个指标构建新生代农民工市民化的评价指标体系，采用综合指标法测算出我国新生代农民工处于中市民化阶段	指标体系较为单一，采用等权赋权方式
刘松林等（2014）	从教育、政策制度、市民化意愿和能力等方面8个指标，采用几何平均法构建农民工市民化进程的测度模型	将教育作为全要素指标引入，市民化意愿和能力赋予相同权重

综观各位学者关于农民工市民化实现度的测算指标体系的设计，主要涉及外部制度、经济条件、社会关系、政治参与、自身素质和心理认同六个领域，具体指标选用情况，见表8-2。

表8-2 有关学者关于农民工市民化实现度测算指标体系设计情况

类别	指标	王桂新(2008)	刘传江(2009)	张建丽(2011)	张斐(2011)	周密(2012)	任娟娟(2012)	李长鑫(2013)	刘松林(2014)	赖作莲(2015)	次数统计
外部制度	户籍歧视指数（本地劳动力与农民工工资比）			●							1
	农民工对政策满意度/市民对政策满意度								●		1
经济条件	住房类型	●	●		●		●	●		●	6
	居住条件是否得到改善	●									1
	对目前的居住环境是否满意	●					●				2
	居住环境比初来本地有何变化	●									1
	月平均收入						●	●			2
	月平均消费						●				1

续表

类别	指标	王桂新(2008)	刘传江(2009)	张建丽(2011)	张斐(2011)	周密(2012)	任娟娟(2012)	李长鑫(2013)	刘松林(2014)	赖作莲(2015)	次数统计
经济条件	工作类型				●	●	●	●			4
	农民工收入增长幅度/市民收入增长幅度								●		1
	农民工承受房价/市民承受房价								●		1
	农民工月收入/城市居民月收入	●	●	●	●				●	●	6
	农民工月消费开支/市民月消费开支	●							●	●	3
	8小时/平均日劳动时间		●								1
	是否曾经失业		●								1
	娱乐支出/工资收入		●								1
	您觉得自己的收入水平在打工城市属于哪种水平					●					1
	对自己的收入是否满意					●					1
	目前生活与期望的差距			●							1
	您是否享有社会保险		●		●		●	●		●	5
	您享有哪些社会保险						●				1
	变换工作次数在2次以内的农民工比重									●	1
	与工作单位签订劳动合同的农民工比重									●	1
	每周工作时间在44小时的农民工比重									●	1
社会关系	是否有亲戚住在本地	●						●			2
	结交的朋友中是否有本地人	●					●	●		●	4
	是否受到本地人歧视	●	●	●				●			4
	遇到困难时一般会找谁帮助	●						●			2

续表

类别	指标	王桂新(2008)	刘传江(2009)	张建丽(2011)	张斐(2011)	周密(2012)	任娟娟(2012)	李长鑫(2013)	刘松林(2014)	赖作莲(2015)	次数统计
社会关系	您参加社会组织的情况如何						●				1
	您参加单位组织的集体活动的情况如何						●				1
	是否有充分的闲暇时间						●				1
	工作时间之外,您通常做些什么						●				1
	参加公共活动的意愿			●							1
	与当地人、同事交流情况			●							1
	是否使用过关系		●								1
	是否认识医院、学校、政府人员					●					1
	是否与市民为邻					●					1
政治参与	工作的单位是否有工会组织	●							●		2
	是否参加了本单位的工会组织	●						●	●		3
	工作单位或居住社区有党团组织吗	●							●		2
	工作单位或居住社区是否专门组织外来务工人员加入党团组织	●									1
	是否参加了党团组织							●	●		2
	农民工是否有必要参加城市选举							●			1
	是否参加过打工城市选举							●			1
	是否经常上网关注时事新闻							●			1
	是否会对新闻或网络现象发表意见或建议							●			1

续表

类别	指标	王桂新(2008)	刘传江(2009)	张建丽(2011)	张斐(2011)	周密(2012)	任娟娟(2012)	李长鑫(2013)	刘松林(2014)	赖作莲(2015)	次数统计
自身素质	受教育程度					●		●			2
	农民工受教育年限/城市居民受教育年限		●						●		2
	是否参加过职业培训		●					●		●	3
	务工年限		●								1
	居住时间		●			●					2
	是否具备某项就业技能或专业资格证书							●		●	2
心理认同	对所在城市是否有感情	●									1
	是否希望取得所在城市户口	●	●				●	●	●		5
	您认为现在自己的"身份"是哪种人	●	●	●	●		●	●		●	7
	您认为自己现在的社会地位与本地人比怎么样	●						●		●	3
	在您的朋友眼里,您是城里人还是农村人					●					1
	您对所在城市的生活满意吗			●			●	●			3
	您对当前工作是否满意							●	●		2
	您会讲普通话吗				●		●				2
	您对城市生活的适应度如何			●			●			●	3
	日常生活中,您是否按当地的风俗习惯办事					●					1
	未来是否打算留在城市		●	●	●	●					4
	更喜欢城市生活还是农村生活					●					1
	外出务工目的					●					1

由表 8-2 可知，在经济条件方面，学者采用较多的指标是住房类型、相对收入水平、社保参保情况，其次为相对消费水平和对居住环境的满意程度；社会关系方面采用较多的指标有结交的朋友之中是否有本地人、是否受到本地人歧视，其次为是否有亲戚住在本地、遇到困难时会找谁寻求帮助；政治参与方面采用较多的指标有工作单位是否有工会或党团组织、是否加入了工会或党团组织；自身素质方面采用较多的指标有是否参加过职业培训、受教育程度、居住时间及是否具备就业技能或专业资格证书；心理认同方面采用较多的指标有自我身份的认同、是否希望获得城市户籍、是否打算留在城市，其次为农民工的社会地位与本地人相比如何、对所在城市生活是否满意及是否适应。

综上所述，关于农民工市民化实现度测度研究卓有成效，这些研究构成本书的重要基础，但仍有进一步修改与完善的空间：第一，农民工市民化内涵丰富，刻画其市民化实现度指标体系应该包括人口素质、思想观念、行为方式、社会权利、生活质量、社会参与等方面的内容（马用浩，2006），而已有研究所构建的指标体系尚不够全面、完整，还不完全能对农民工市民化实现度作出一个全面系统的评价。第二，已有研究较多从人口学角度来设计评价体系对农民工市民化实现度加以测算，所用指标并非严格意义上的统计学指标，而是描述农民工个体特征的标志。统计学指标是反映同类社会经济现象总体综合数量特征的范畴及其具体数值，它反映的是总体的量，是许多个体现象数量综合的结果，而非单纯描述个体特征的标志。因此，已有研究在农民工市民化评价体系设计的规范性和科学性方面还有较大改进空间。第三，对于异地迁移的农民工，已有研究较多考察的是农民工异地市民化实现度，即与务工地城市居民相比农民工市民化的实现程度，实际上部分农民工通过在异地的务工收入在老家的城镇置办家业、享有城镇居民福利待遇，成为事实上的城里人，已不再是完全意义上的农民工。所以，研究异地农民工市民化实现度不仅需要考察在务工地的异地市民化实现度，而且需要考察其与来源地城镇居民相比本地市民化实现度。

第二节 评价体系的构建

一 指标体系设计

(一) 指标选取原则

1. 科学性

指标的设计紧扣新型城镇化发展大局,既要能反映出农民工群体的特征,又要有科学理论依据。指标内涵清晰明确,计算方法科学合理,整个指标体系充分体现了农民工市民化的本质内容。

2. 全面性

指标体系的设计既要基于农民工市民化内涵,全面、客观地反映出农民工市民化的程度,又要使各指标间相互独立,避免交叉重叠。

3. 可行性

设计指标体系时,充分考虑数据的可获得性,以及对后续农民工市民化实现度测算模型构建的难易程度,同时还要考虑数据采集、实施评价时付出成本大小等诸多因素。在满足科学性、全面性前提下,指标体系应力求简洁,避免冗余。

4. 可比性

可比性原则包含两个方面:横向可比性与纵向可比性。横向可比性是指不同指标在同一时期针对不同地域农民工市民化实现度测算具有可比性;纵向可比性是指同一指标在不同时期针对同一地域农民工市民化实现度测算具有可比性。

(二) 指标体系设计

基于农民工市民化内涵的理解,从经济条件、政治参与、社会关系、文化素质和心理认同五个维度刻画农民工市民化实现度,从而构建农民工市民化实现度测度指标体系。农民工市民化实现度评价指标体系构建框架,如图8-1所示。

1. 经济条件

经济基础决定上层建筑,农民工实现市民化的前提条件是经济条件的市民化。只有基本的物质需求得到满足以后,农民工其他方面的需求才能逐渐得到满足，如教育、文化等方面的需求，才能逐步融入城市生活之中。经济条件直接表现为农民工的住房状况、收入水平、消费水平、社会保障覆盖程度等。

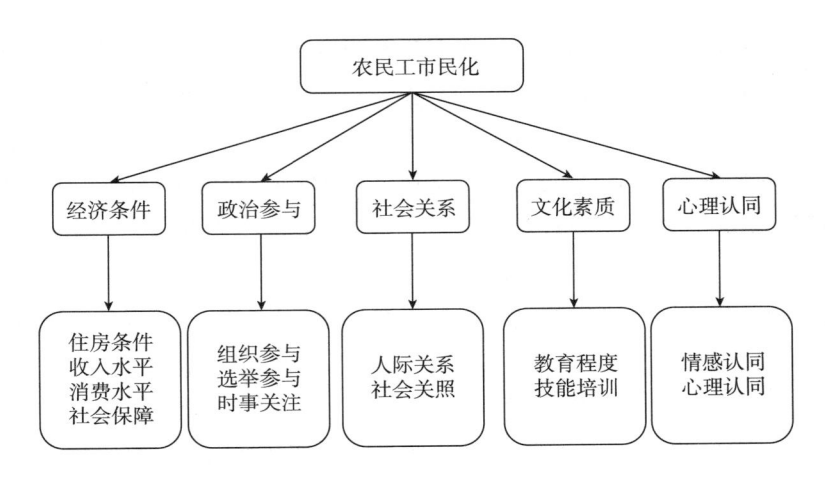

```
                        农民工市民化
          ┌───────┬─────────┼─────────┬───────┐
        经济条件  政治参与  社会关系  文化素质  心理认同
          │        │         │         │        │
        住房条件  组织参与  人际关系  教育程度  情感认同
        收入水平  选举参与  社会关照  技能培训  心理认同
        消费水平  时事关注
        社会保障
```

图 8-1　农民工市民化实现度评价指标体系框架

2. 政治参与

政治参与，也称"参与政治"，是指普通公民通过各种合法方式参加政治生活并影响政治体系的构成、运行方式、运行规则和政策过程的行为（王蒲劬，2008）。农民工的政治参与是农民工作为参与主体的政治活动，是体现农民工与城市居民在政治层面同权的一个重要指标，反映农民工是否真正与城市居民享有相同的政治权利。农民工的政治参与主要体现在组织参与、选举参与以及时事关注等方面，既包括政治参与的直接形式，又涵盖政治参与的间接形式。

3. 社会关系

社会关系体现了农民工在城市中所拥有的社会资源，反映了农民工的社会资本情况。周密（2012）等通过研究社会资本对农民工市民供给能力的影响得出，农民工的社会资本对其市民供给能力有着正向的促进作用。赵亚男（2014）通过研究发现，农民工社会资本存量的增加可以提高其社会融合程度，这是因为农民工社会网络高度越高，拥有的社会资源越丰富，他们越能借助其网络关系谋求到收入更高、更稳定的工作，其生存适应能力就越强，也就更容易融入城市社会。农民工的社会关系主要体现在务工城市的亲友关系、受社会关照情况以及与市民为邻情况等。

4. 文化素质

文化素质指人们在文化方面所具有的较为稳定的，内在的品质。农民工文化素质的高低直接决定了其人力资本水平的高低，周密（2013）通过研究发现，提升农民工的人力资本水平，可以提高其市民化实现度。赵亚男（2014）通过研究人力资本对农民工城市融合的影响发现：农民工人力资本中的受教育程度与其文化融合、经济融合、心理融合均呈显著正相关关系；培训经历与其经济融合呈显著正相关关系。农民工的文化素质主要体现在农民工自身的文化程度、受教育年限、专业技术水平等。

5. 心理认同

心理认同是农民工对所在城市认可的一种心理反映，直接体现了农民工对市民化的意愿和认可，是衡量农民工市民化实现度的一个重要柔性维度。农民工的心理认同主要体现在对城市生活的认同和对自我身份的认同。

基于农民工市民化内涵的理解、农民工市民化实现度评价指标体系的构建原则与构建框架、统计科学范式，以及借鉴学者们的研究成果，构建农民工市民化实现度评价指标体系，见表8-3。

表8-3　　　　　农民工市民化实现度评价指标体系　　　　单位：%

一级指标	二级指标	三级指标	权重
经济条件 E（0.2）	住房条件	住房条件的同质化程度（E1）	0.1828
	收入水平	农民工与同城居民收入比（E2）	0.4430
	消费水平	农民工与同城居民消费比（E3）	0.0959
	社会保障	农民工城市社保参保率（E4）	0.2783
政治参与 P（0.2）	组织参与	组织参与度（P1）	0.3108
	选举参与	选举参与度（P2）	0.4934
	时事关注	对时事新闻的关注度（P3）	0.1958

续表

一级指标	二级指标	三级指标	权重
社会关系 S（0.2）	人际关系	交友本土化程度（S1）	0.3108
	社会关照	社会支持的本土化程度（S2）	0.1958
		受本地人接纳程度（S3）	0.4934
文化素质 C（0.2）	教育程度	农民工与同城居民受教育年限比（C1）	0.5396
	技能培训	就业培训普及度（C2）	0.2970
		就业技能或专业资格证书拥有率（C3）	0.1634
心理认同 H（0.2）	情感认同	对本地生活满意度（H1）	0.3325
		对所在城市户口渴望度（H2）	0.1396
	身份认同	自我"城市人"的认同度（H3）	0.5278

表 8-3 中，各项指标解释如下：

住房条件同质化程度（$E1$）：按住房类型进行赋值：自购房为 1，租房为 0.65，单位宿舍、寄住亲戚朋友家为 0.5，单位工棚和自搭简易房为 0.25，其他为 0。住房条件同质化程度 $E1 = \sum_{i=1}^{5} x_i f_i \times 100\%$，其中，$x_i$ 表示第 i 种类型住房的取值，f_i 表示第 i 种住房类型农民工所占比重。

农民工与同城居民收入比（$E2$）：$E2 = $ 农民工的平均月工资收入/同城从业人员平均月工资收入 $\times 100\%$。若其值大于或等于 100%，取值为 100%；若小于 100%，取实际值。

农民工与同城居民消费比（$E3$）：$E3 = $ 农民工的平均月消费支出/同城居民平均月消费支出 $\times 100\%$。若其值大于或等于 100%，取值为 100%；若小于 100%，取实际值。

农民工城市社保参保率（$E4$）：$E4 = $ 参加城市社会保险的农民工人数/被调查农民工总数 $\times 100\%$。社会保险包括基本养老保险、基本医疗保险、工伤保险、失业保险、生育保险等，农民工在务工城市参加其中任意一项险种，即认定为参加城市社保。

组织参与度（$P1$）：$P1 = $ 参加所在单位工会组织、党团组织或社区党团组织的农民工人数/被调查农民工总数 $\times 100\%$。

选举参与度（$P2$）：$P2 = $ 参加务工单位或城市选举的农民工人数/

被调查农民工总数×100%。

对时事新闻的关注度（P3）：按关注时事的程度进行赋值：非常关注为1，经常关注为0.75，有时关注为0.5，偶然关注为0.25，不关注为0。时事新闻的关注度 $P3 = \sum_{i=1}^{5} x_i f_i \times 100\%$，其中，$x_i$ 表示第 i 种关注类型的取值，f_i 表示第 i 种关注类型农民工所占的比重。

交友本土化程度（S1）：按与城市居民交往密切程度进行赋值：与城市居民交往甚多、关系融洽为1，交往较多、关系尚可为0.75，交往一般、关系一般为0.5，交往较少、无多大关系为0.25，无交往、无关系为0。交友本土化程度 $S1 = \sum_{i=1}^{5} x_i f_i \times 100\%$，其中，$x_i$ 表示第 i 种类型取值，f_i 表示第 i 种类型农民工所占的比重。

社会支持的本土化程度（S2）：按农民工遇到困难时主要求助对象进行赋值：本地人为1，政府部门、居住社区居委会为0.75，工作单位为0.5，亲友或老乡为0.25，其他为0。社会支持本土化程度 $S2 = \sum_{i=1}^{5} x_i f_i \times 100\%$，其中，$x_i$ 表示第 i 种类型的取值，f_i 表示第 i 种类型农民工所占的比重。

受本地人接纳程度（S3）：S3 =（1 – 遭受本地人歧视的农民工人数/被调查农民工总数）×100%。

农民工与同城居民受教育年限比（C1）：C1 = 农民工平均受教育年限/同城居民平均受教育年限×100%。若其值大于或等于100%，取值为1（100%）；若小于100%，取实际值。

就业培训普及度（C2）：C2 = 接受过由政府、单位或其他团体组织的就业培训的农民工人数/被调查农民工总数×100%。

就业技能或专业资格证书拥有率（C3）：C3 = 具有某项就业技能或具备某项专业技术资格证书的农民工人数/被调查农民工总数×100%。

对本地生活满意度（H1）：根据农民工对务工地的生活态度进行赋值：非常满意为1，比较满意为0.75，基本满意为0.5，比较不满意为0.25，非常不满意为0。对本地生活满意度 $H1 = \sum_{i=1}^{5} x_i f_i \times 100\%$，其中，$x_i$ 表示第 i 种类型取值，f_i 表示第 i 种类型农民工所占的比重。

对所在城市户口渴望度（$H2$）：根据农民工对所在务工城市户口的渴望程度进行赋值：非常渴望为 1，比较渴望为 0.75，无所谓为 0.5，不太渴望为 0.25，不渴望为 0。对所在城市户口渴望度 $H2 = \sum_{i=1}^{5} x_i f_i \times 100\%$，其中，$x_i$ 表示第 i 种类型取值，f_i 表示第 i 种类型农民工所占的比重。

自我"城市人"的认同度（$H3$）：根据农民工是否将自我身份定位为"城市人"进行赋值：定位自己为"城市人"赋值为 1，说不清为 0.5，否则为 0。自我"城市人"的认同度 $H3 = \sum_{i=1}^{3} x_i f_i \times 100\%$，其中，$x_i$ 表示第 i 种类型取值，f_i 表示第 i 种类型农民工所占的比重。

二　数据采集与处理

对在江苏省域内发放问卷 1000 份、所收集的 960 份有效问卷加以分析，满足表 8-3 所需要的有效信息 884 份，据此开展农民工市民化实现度的测算分析。具体调查问卷见附录 2。

根据对农民工市民化内涵的理解及表 8-3 中各指标的含义，可知表 8-3 中各项指标均为正指标，已形成以城镇居民为标准的相对指标，无须进一步进行一致化与无量化处理。

三　权重确定

权重的确定有多种方法，本书选用层次分析法来确定各指标权重。层次分析法（Analytical Hierarchy Process，AHP），是一种定性分析和定量分析相结合的方法，该方法强调人的思维判断在决策过程中的客观性，并通过特定模型将人们的思维判断规范化。

层次分析法的基本步骤包括：①建立层次结构模型；②构造判断矩阵；③层次单排序及其一致性检验；④层次总排序；⑤层次总排序的一致性检验。

农民工市民化评价体系中除一级指标采用等权重（权重均设为 0.2）外，其余指标均采用层次分析法进行赋权。

四　模型构建

采用综合指标法，计算最终的农民工市民化实现度的值。为便于书写，市民化实现度用 I 表示，经济条件用 E 表示，政治参与用 P 表示，社会关系用 S 表示，文化素质用 C 表示，心理认同用 H 表示，权重用 R 表示。由此得出市民化实现度的计算公式：$I = E \times R_E + P \times R_P + S \times R_S + C \times R_C + H \times R_H$，其结果是介于 0 和 1 的一个具体的数值，据此可以判断当前农民工市民化的程度究竟如何，与市民还有多大的差距，从而为政府制定相应的政策措施提供依据。

第三节 实证研究

一 农民工市民化实现度的计算

根据所采集的数据，计算得到各项指标数值，如表 8-4 所示。

表 8-4　　　　　　　　三级指标数值

三级指标	省内农民工	省外农民工	农民工
住房条件的同质化程度（E1）	0.6285	0.5901	0.6038
农民工与同城居民收入比（E2）	0.6598	0.6166	0.6320
农民工与同城居民消费比（E3）	0.6282	0.5705	0.5911
农民工城市社保参保率（E4）	0.6835	0.7042	0.6968
组织参与度（P1）	0.0759	0.0563	0.0633
选举参与度（P2）	0.3797	0.2676	0.3077
对时事新闻的关注度（P3）	0.5380	0.5986	0.5769
交友本土化程度（S1）	0.4209	0.4824	0.4605
社会支持的本土化程度（S2）	0.4177	0.3944	0.4028
受本地人接纳程度（S3）	0.8101	0.8028	0.8054
农民工与同城居民受教育年限比（C1）	0.9390	0.8720	0.9039
就业培训普及度（C2）	0.3671	0.2535	0.2941
就业技能或专业资格证书拥有率（C3）	0.1139	0.1831	0.1584
对本地生活满意度（H1）	0.4842	0.4789	0.4808
对所在城市户口渴望度（H2）	0.5254	0.5036	0.5113
自我"城市人"的认同度（H3）	0.1456	0.1338	0.1380

根据各指标取值及相应的权重,运用综合指标法计算出江苏省农民工的市民化实现度,如表 8-5 所示。

表 8-5　　　　江苏省域农民工市民化实现度　　　　　单位:%

农民工市民化维度	省内农民工	省外农民工	农民工
经济条件	65.76	63.17	65.10
政治参与	31.63	26.67	28.44
社会关系	61.23	62.33	61.94
文化素质	63.43	57.57	60.10
心理认同	31.12	30.01	30.41
综合	50.63	47.95	49.00

二　农民工市民化评价结果分析

（一）各维度市民化实现度比较

本书只是针对江苏省域范围的农民工实施调查研究,所调查的农民工市民化综合水平为 49.00%,其中,省内农民工的市民化水平为 50.63%,省外农民工的市民化水平为 47.95%,省内农民工的市民化水平高于省外农民工 2.68 个百分点。江苏省农民工市民化实现度的各个维度分布并不均衡,具有明显的差异性。农民工经济条件市民化实现度最高,为 65.10%;政治参与市民化实现度最低,仅为 28.44%;心理认同市民化实现度仅为 30.41%;社会关系、文化素质两个维度的市民化实现度比较接近,均达到了 60% 以上。

经济条件市民化实现度都处于较高的水平,省内农民工和省外农民工分别达到 65.76% 和 63.17%,省内农民工高于省外农民工 2.59 个百分点。这与农民工收入、消费及城镇居民收入、消费水平有关,省外农民工与城镇居民较高的工资收入以及消费支出之间还存在很大的差距,2015 年江苏省城镇从业人员人均月工资为 5516.33 元,人均月消费为 2080.50 元,省外农民工仅占其 61.66% 和 57.05%,相比于省外农民工,省内农民工收入和消费则分别达到了城镇居民的 65.98% 和 62.82%。基于此,在经济条件维度上,省外农民工市民化实现度要低于省内农民工。

政治参与市民化实现度均处于较低水平，且差异较为明显。江苏省农民工政治参与市民化水平为 28.44%，其中，省内农民工政治参与市民化实现度为 31.63%，高于全省平均水平，省外农民工政治参与市民化实现度为 26.67%，低于全省平均水平，两地相差 4.96 个百分点。

社会关系市民化实现度均在 60% 以上，且地区间差异不明显，极差仅为 1.10%。可以看出，江苏省在农民工融入城市的过程中提供了一个包容和开放的环境。城市居民对省内农民工和省外农民工的接纳程度分别为 81.01% 和 80.28%，当地城镇居民对农民工群体的友好态度为农民工市民化提供了一个有利的条件。

文化素质市民化实现度以省内农民工最高，为 63.43%，高于江苏省平均水平 60.10%，省外农民工最低，为 57.57%。可以看出，不同地区农民工文化素质市民化实现度均超过 50%，处于较高水平。

心理认同市民化实现度普遍处于较低的水平，省外农民工最低，只有 30.01%，低于全省平均水平 30.41%。在问及被调查者对自己的身份定位时，发现农民工对自我"城市人"的认同度较低，江苏省内农民工对自我"城市人"的认同度只有 13.80%。

（二）不同维度市民化实现度的分布

农民工市民化在不同维度之间的进展很不平衡，同一维度不同水平的分布也存在明显差异。在经济条件市民化方面，农民工都主要集中在 50%—75%，50% 及以下的农民工次之，75% 以上的农民工最少。在政治参与市民化方面，70.59% 农民工主要集中在 50% 及以下，随着水平的提高，农民工所占的比例逐渐减少。社会关系维度的市民化水平进展相对比较均衡，农民工都主要集中在 50%—75%，75% 以上的农民工次之，50% 及以下的农民工最少。文化素质维度的市民化水平呈现两端大中间小的分布形态，50% 及以下农民工最多，75% 以上的农民工次之，50%—75% 的农民工最少。心理认同市民化不同水平的分布最不均衡，有 85.52% 的农民工处于 50% 及以下的较低水平，只有少量的农民工达到较高的水平。这也表明，提高农民工的政治及心理认同市民化水平，促进农民工政治参与市民化和心理认同市民化的均衡发展，将是一个相对漫长的过程。

表 8-6　　　　　　　　江苏省市农民工市民化实现度　　　　　　单位:%

农民工市 民化维度	指标值	≤50		50—75		75 以上	
		比例	人数	比例	人数	比例	人数
经济条件	64.10	20.36	180	59.73	528	19.91	176
政治关系	28.44	70.59	624	27.60	244	1.81	16
社会关系	61.94	20.81	184	55.66	492	23.53	208
文化素质	60.10	52.04	460	20.81	184	27.15	240
心理认同	30.41	85.52	756	5.43	48	9.05	80
综合	49.00	63.35	560	34.39	304	2.26	20

三　农民工市民化影响因素分析

（一）个体特征对市民化实现度的影响

由表 8-7 可知，农民工的市民化实现度与其性别、年龄、婚姻状况、文化程度和务工年限都表现出不同程度的关系。如男性农民工的市民化实现度一般高于女性，已婚农民工的市民化实现度一般高于未婚农民工，随着年龄的增长和受教育水平的提高，农民工的市民化实现度逐步提高，务工年限与市民化实现度也表现出一定的关系，务工年限越长的农民工，其市民化实现度也越高。

表 8-7　　　　　农民工个体特征与其市民化实现度的关系

个体特征		市民化实现度 I （%）						样本数 （人）
		≤50		50—75		75 以上		
		比例	人数	比例	人数	比例	人数	
性别	男	59.31	344	39.31	228	1.38	8	580
	女	71.05	216	25.00	76	3.95	12	304
年龄	16—40 周岁	67.50	432	31.25	200	1.25	8	640
	41 周岁及以上	52.46	128	42.62	104	4.92	12	244
婚姻 状况	未婚	77.27	204	22.73	60	0.00	0	264
	已婚	57.42	356	39.35	244	3.23	20	620

续表

个体特征		市民化实现度 I（%）						样本数（人）
		≤50		50—75		75 以上		
		比例	人数	比例	人数	比例	人数	
受教育水平	小学以下	91.43	128	8.57	12	0.00	0	140
	初中	68.18	360	30.30	160	1.52	8	528
	高中	33.33	40	60.00	72	6.67	8	120
	大专及以上	33.33	32	62.50	60	4.17	4	96
务工年限	1—2 年	60.33	108	37.99	68	1.68	3	179
	3—4 年	76.26	212	21.58	60	2.16	6	278
	5 年及以上	56.20	240	41.22	176	2.58	11	427

（二）市民化实现度与其部分影响因素的相关分析

选取性别、年龄、婚姻状况、务工年限、受教育程度、参加培训等农民工个人属性分别与农民工市民化实现度进行相关分析，相关情况如表 8 – 8 所示。

表 8 – 8　　农民工市民化实现度与部分影响因素的相关分析

变量名称	市民化实现度	经济条件	政治参与	社会关系	文化素质	心理认同
性别	0.095**	0.101**	0.114**	0.016	0.048	-0.093**
年龄	0.059	0.131**	0.026	0.071*	-0.098**	0.238**
婚姻状况	0.214**	0.112**	-0.005	0.158**	0.095**	0.340**
务工年限	0.222**	0.393**	0.157**	0.023	0.094**	0.091**
受教育程度	0.477**	0.311**	0.019	0.159**	0.685**	0.094**
参加培训	0.354**	0.022	-0.004	0.100**	0.737**	0.182**

注：*、** 分别表示在5%、1%的水平上显著。

由表 8 – 8 可知，第一，农民工总体市民化实现度与其性别、婚姻状况、务工年限、受教育程度、参加培训等因素具有统计学意义的显著相关关系。第二，不同因素对农民工不同维度市民化水平的影响存在较大差别。性别作为农民工的个人属性因素，主要影响经济条件、政治参与和心理认同维度的市民化水平，具有显著相关关系；年龄、婚姻状况分别与经济条件、社会关系、文化素质和心理认同等维度存在显著相关关系；务工年限与经济条件、政治参与、文化素质和心理认同市民化水平呈显著相关关系；受教育程度除了与政治参与维度市民化无显著相关关系外，与其余维度的市民化水平均呈相关关系；参加培训仅与社会关系、文化素质、心理认同等维度市民化水平呈相关关系。第三，农民工各个维度市民化水平的影响因素不同。经济条件维度与性别、年龄、婚姻状况、务工年限和受教育程度显著相关；政治参与维度与性别、务工年限显著相关；社会关系维度与年龄、婚姻状况、受教育程度和参与培训显著相关；文化素质维度分别与年龄、婚姻状况、务工年限、受教育程度和参与培训显著相关；心理认同维度分别与性别、年龄、婚姻状况、务工年限、受教育程度和参与培训显著相关。

第四节 研究启示与不足

一 研究启示

通过对上述以江苏省域农民工市民化实现度的研究与分析，可知：

(一) 农民工总体生活状况有待提高

目前，从务工地居住条件来看，拥有自购房的农民工数量最少，自购房的比例偏低，仅为9.05%，大多住在单位宿舍、工棚、寄住在亲戚朋友家里或租房居住。较低的收入水平使他们很难负担起城市较高的房价，很难在城市有个属于自己的固定住所。经济条件是农民工市民化的物质基础，农民工只有达到一定经济条件后，才能在快节奏的城市生活中逐渐适应下来，其他方面的需求才有可能得到满足。因此，各地区应针对农民工的特点，结合广大农民工的实际情况，适当放低农民工在城市落户的标准，使更多的农民工能在城市安顿下来。例如，可以用试点的方式将一些收入和职业稳定、连续缴纳社会保险两年以上且具有稳定的住所（包括自购房和出租房）的这部分农民工群体落户在城市。以经济市民化来带动其他维度市民化的推进。具体表现在：在工资收入层面，农民工的基本权利要给予保障，同工同酬，减少甚至杜绝拖欠工资的现象发生，保障农民工都能按时取得工资，使他们具备一定的经济条件，这样才能在城市生活下去；在住房层面，政府应采取适当的措施，抑制房价不合理的上涨，限制炒房现象。与此同时，大力修建廉租房、保障房，让部分符合条件的农民工有机会参与廉租房与保障房的申请，改善他们的住房条件。

（二）农民工政治参与度较低

农民工政治参与市民化水平为28.44%，其中组织参与度最低，仅为6.33%，选举参与度也仅有30.77%，农民工的政治参与水平亟待提高。

（1）提高农民工的组织化程度。目前，农民工已经成为弱势群体，根本原因在于其组织化程度低。农民工行使自己政治权利的前提是他们能得到相关法律法规及组织的保护。因此，对政府部门来说，完善劳动法律法规、加大执法力度、提高农民工失业保险覆盖率等，都可以提高农民工的政治信任感，加强农民工的政治参与意识。与此同时，政府应加强对农民工的社区管理，大力发展诸如工会形式的农民工组织，拓宽农民工的政治参与渠道。

（2）建立保障农民工政治参与的法律保障体系。法律既是依法治国的要求，也是保护公民基本权利的根本措施。对农民工来说，其政治参与权利也受到宪法的保护，但是，由于各种因素的影响，如执法环境不理想、法律规定存在漏洞等，使农民工偏离了政治参与的中心。因此，应改善执法环境、修订和完善法律体系，充分发挥法律的作用，使农民工能够均等地参与到城市选举中，保障农民工的政治参与权利，激发他们的政治参与热情。

（3）提高农民工的政治参与素质，加强政治参与能力。农民工的参政意识和参政能力势必受其文化素质的影响。目前，大部分农民工文化水平不高，并不懂得如何通过合法的渠道来维护自身的权益。因此，要加强对农民工的教育，特别是法律教育、政治技能教育、民主意识教育，增强农民工的政治素质及政治参与能力，使他们能熟悉和掌握政治参与的规则，提高政治生活能力。

（三）城市归属感不强，心理认同市民化水平偏低

调查数据显示他们对自我"城市人"的认同度并不高，对城市的归属感并不强，在大多农民工的心里，真正把自己视为城里人的人是比

较少的，他们处于城市生活的边缘。因此，为了提高农民工的心理认同度，促进农民工较快融入城市，政府和社会应积极关注农民工的心理和精神诉求，给予他们足够的人文关怀，营造和谐包容的社会环境。

1. 政策支持

目前，由于制度的不完善、法律法规配套措施的不健全以及保障农民权益机构普及度低等条件制约，使当前社会对农民工的限制、歧视，以及损害农民合法权益的现象仍然存在。因此，首先要充分发挥政府在协调企业与农民工关系中的作用，政府应制定解决劳资关系的措施及缓和冲突的最低标准和底线，倡导以协商、谈判等和谐手段来解决问题，相对于企业来说，政府应采取适当政策向农民工倾斜。其次，政府应加大对农村基础教育的投入，加强对农民工的培训，尤其是对农民工的法制教育，增强其自我保护意识，减少和避免其合法权益受到侵害。对农民工应摒弃歧视性态度，消除针对农民工的排斥性政策与做法。

2. 城市接纳

城市要接纳农民工把他们变成城市市民首先是要尊重与理解。尊重农民工首先要尊重农民工的人格地位。其次是要善待与宽待，深刻认识到在工业化与现代化的背景下，农村劳动力城乡迁移是其必然趋势，农民工进城务工，对推进城镇化的进程、实现工业化与现代化、统筹城乡发展有着极其重要的意义。因此，城市应降低农民工进城的门槛，使农民工尽快适应城市，帮助其实现历史性的大转变，加速城镇化进程。

二 研究不足

农民工市民化实现度带有很强的地域性、时序性，上述研究只是针对调查时点所抽取的农民工市民化实现度进行分析，不足以代表全国农民工市民化情况，也不能反映被调查农民工在输出地市民化实现度情况。

(一) 地域性

江苏省 2015 年 1% 人口抽样调查数据显示，外省流动人口 878 万人中，来自前三位的省份分别是安徽占比 25.04%、河南 16.16%、四川 6.74%，这些流动人口农民工占有相当部分比重。由于市民化只是一个相对的概念，因社会经济发展程度的差异，他们在江苏省域内，市民化实现度较低，甚至很难被市民化，但在老家、在来源地，他们中的大部分市民化实现度就很高，经过他们在外的多年打拼，部分农民工已在老家城镇购置房产，甚至还享受着农业的各项优惠政策，实际是"举着农民工的身份，过着城镇居民的生活"。即使是省内农民工，也存在同样的情况，苏北、苏中、苏南的差异，城与镇的差异等，农民工在务工地市民化实现度低，并不代表他们在来源地的市民化实现度也较低，实际上，很多农民工在来源地市民化实现度较高，甚至已实现成为实质意义上的"新市民"群体。

（二）时序性

由于农民工市民化是一个渐进的历史过程，既不能一蹴而就，也不会一成不变，农民工市民化实现度只能代表调查时点、调查样本农民工市民化情况。随着中共中央办公厅、国务院办公厅于 2016 年 10 月印发《关于完善农村土地所有权承包权经营权分置办法的意见》等系列关于农村改革重大制度的创新，农民工自身条件的改善，农民工必将融入城镇或回归乡村，"农民工"这一称呼终将成为历史，取而代之的是"乡村居民"或"城镇居民"。

第九章 农民工城市融入度研究

第一节 引言

劳动力转移分为两个过程,一个是劳动力从迁出地转移出去(劳动力转移的数量问题);另一个是转移出去的迁移者在迁入地实现定居并且融入迁入地(劳动力转移的质量问题)(蔡昉,2001)。《全国农民工监测调查报告》显示:2008—2015年,全国农民工总量由22542万人增长至27747万人,增长23.1%,年平均增长率为3.0%;外出农民工由14041万人增长至16884万人,增长20.2%,年平均增长率为2.7%;举家外出农民工由2859万人增长至3600万人,增长25.9%,年平均增长率为3.3%。[①] 显然举家外出农民工的增长速度明显高于外出农民工的增长速度,这意味着越来越多的农民工会选择举家外出。因而,对农民工城市融入研究,特别是举家迁入城市农民工的城市融入研究,对推进农民工市民化具有重要的理论意义与实践价值。

举家迁入城市的农民工定义为户籍在农村,农民工本人及其家人(至少一位家人、配偶或对象)离开原居住地在城市连续从业并同城共同生活一年及以上的农村劳动力。目前,关于农民工城市融入度的研究主要包括两方面:一是农民工城市融入度测算,二是农民工城市融入影响因素的研究。国内学者针对农民工城市融入度的代表性成

[①] 国家统计局:《全国农民工监测调查报告》(2013—2015年),国家统计局网,http://www.stats.gov.cn。

果，见表 9-1。

表 9-1　　　　　　　农民工城市融入度的代表性研究成果

代表文献	研究要点
穆昕（2011）	对举家进城农民工的自然特征、经济特征、社会特征和外来期望四个方面进行描述性分析，并运用因子分析测算城市融入度
李彦等（2014）	基于城市社会—生活空间理论的视角，以居住空间、经济活动空间、日常生活空间、社区生活空间和心理认同为一级指标，运用层次分析法对农民工城市融入进行测算
马明等（2014）	从经济条件、社会保障、公共服务和行为意愿四个维度出发，运用灰色模糊评价法对在哈尔滨、银川、固原等市务工经商的新生代农民工的城市融入程度进行综合评价
刘建娥（2011）	从居住与生活、健康与安全、就业与收入、满意度与信心四个方面建立指标，通过各项指标得分求和得出社会融入度。以社会融入度为因变量，自然社会特征、经济因素、社会因素的各项指标为自变量，通过多元回归分析和因子分析，研究社会融入的影响因素
何军（2011）	从生活方式、价值观念、身份认同等方面，建立农民工城市融入指标体系，测算农民工的城市融入程度；然后运用普通最小二乘估计的多元回归和分位数回归方法进行实证分析
童雪敏等（2012）	利用 2009 年调查的上海市 1446 个农民工样本数据，以是否融入上海为因变量，建立 Logit 模型，将性别、婚姻、年龄等作为控制变量，研究人力资本和社会资本对农民工城市融入的影响

从上述研究可知，学者普遍认为农民工的城市融入是多维的、多层次的，涉及农民工的经济收入、消费支出、职业、居住、社会交往等多个方面。但由于不同学者关于农民工城市融入内涵理解的不同，其测算标准、测算结果也不尽相同。基于学者的研究成果，本书将农民工城市融入界定为农民工在经济、社会、心理、文化等方面融入城市并且认同自身新的社会身份的过程。

第二节 农民工城市融入度测算

一 研究对象

为了研究农民工的经济融入、社会融入、心理文化融入、身份融入状况、城市融入程度以及影响其城市融入的因素，通过在北京、上海、广州、深圳、青岛等地农民工的实际调研，以生活、工作在南京市区的农民工为主要研究对象，采用实地调查抽样和深度访谈的方式，共发放调查问卷960份，回收896份，其中有效问卷824份，占回收问卷的91.96%，其中举家迁入城市农民工526人，非举家迁入城市农民工298人，具体调查问卷见附录3。

二 农民工城市融入指标体系构建

根据本书关于农民工城市融入的理解，从经济、社会、心理、文化和身份融入等不同层面构建农民工城市融入指标体系。

经济融入是农民工在务工城市生存和立足的基础，体现了其在城市中的经济地位，从农民工的工资与就业、消费水平、社会保障、住房状况四个维度构建指标体系，如表9-2所示。

表9-2　　　　　　　经济融入的测算指标

一级维度	二级维度	指标	变量符号
经济融入	工资与就业	月平均工资收入	E_1
		对工资水平的满意度	E_2
		连续在该城市工作时间	E_3
		近三年更换工作次数	E_4
	消费水平	月平均基本生活支出	E_5
		月平均医疗保健支出	E_6
		月平均交通通信支出	E_7
		月平均文化娱乐支出	E_8
		月平均商品性服务支出	E_9
		月平均储蓄保险支出	E_{10}
		月平均子女教育费用	E_{11}
		月平均其他支出	E_{12}

续表

一级维度	二级维度	指标	变量符号
经济融入	社会保障	工伤保险	E_{13}
		医疗保险	E_{14}
		养老保险	E_{15}
		生育保险	E_{16}
		失业保险	E_{17}
	住房状况	居住形式	E_{18}

社会融入是农民工在务工城市社会交往以及社会参与情况。从农民工的社会参与、社会交往两个维度构建指标体系，如表9-3所示。

表9-3　　　　　　　　　　社会融入的测算指标

一级维度	二级维度	指标	变量符号
社会融入	社会参与	是否参加防火活动	S_1
		是否参加治安巡逻活动	S_2
		是否参加选举活动	S_3
		是否参加文体娱乐活动	S_4
		是否参加志愿者活动	S_5
		是否参加募捐活动	S_6
		是否参加献血活动	S_7
		是否加入工会组织	S_8
	社会交往	同城就业同村人人数	S_9
		与同村人交往频率	S_{10}
		朋友圈中本地人数量	S_{11}
		月均去当地人家做客次数	S_{12}
		与当地人关系融洽程度	S_{13}

心理融入属于较高层次的融入，是指农民工在心理和情感上对城市的认同以及适应城市生活的过程，从心理距离、歧视感知、城市适应以及满意度四个维度构建指标体系，如表9-4所示。

表 9-4　　　　　　　　心理融入的测算指标

一级维度	二级维度	指标	变量符号
心理融入	心理距离	信任当地人的程度	P_1
		与当地人交往意愿	P_2
		与当地人交往过程中遇到困难感知	P_3
	歧视感知	在工作招聘中歧视感知	P_4
		在工作中歧视感知	P_5
		在生活中歧视感知	P_6
		子女就学过程中歧视感知	P_7
	城市适应	城市生活适应程度	P_8
	满意度	生活满意度	P_9
		居住状况满意度	P_{10}
		工作内容满意度	P_{11}
		社会保障满意度	P_{12}
		业余文化生活满意度	P_{13}
		子女教育满意度	P_{14}

　　农民工文化融入和心理融入一样，都属于较高层次的融入，文化融入是指农民工在参与文化活动和对城市当地文化的接纳的过程；身份融入是农民工在融入城市过程中对自己身份的定位与认同。两者所构建的指标体系，如表 9-5 所示。

表 9-5　　　　　文化融入和身份融入的测算指标

一级维度	二级维度	指标	变量符号
文化融入	文化活动	参与业余文化活动频率	C_1
	文化接纳	对当地方言掌握程度	C_2
		是否会按本地风俗习惯办事	C_3
身份融入	身份认同	身份定位	I

三 农民工城市融入度测算过程

根据以往学者的研究,农民工城市融入度的测算方法有很多,比如层次分析法、探索性因子分析法等。本书从经济、社会、心理、文化、身份等方面运用探索性因子分析测算城市融入度。

在进行因子分析之前,需要对原始数据进行标准化处理,标准化公式为:

$$x_{ij}^* = \frac{x_{ij} - \bar{x}_j}{s_j} \tag{9.1}$$

其中,$\bar{x}_j$、s_j($j=1, 2, \cdots, m$)分别为第 j 项指标观测值的样本均值和样本标准差,x_{ij}^* 为标准化后的数据。

(一)举家迁入农民工城市融入度测算

以举家迁入城市农民工经济融入度的测算为例,给出探索性因子分析的过程。

1. KMO 和 Bartlett 球形检验

由表 9-6 可知,Bartlett 球形检验统计量的观测值为 1213.771,对应的 p 值接近 0,这说明若显著性水平 α 为 0.05,p 小于显著性水平 α,因此拒绝原假设,变量之间具有明显的相关性。同时可以看出 KMO 值为 0.729,适合进行因子分析。

表 9-6　　　　　　　KMO 和 Bartlett 的检验

KMO 检验统计量		0.729
Bartlett 球形检验	近似卡方	1213.771
	df	153
	Sig.	0.000

2. 因子选取及命名

采用主成分分析法选取因子,应用 SPSS 进行分析得到相关系数矩阵的特征值、方差贡献率和累计贡献率,如表 9-7 所示。

表 9-7　　　　　　　　　　　总方差解释

成分	初始特征值 合计	方差百分比(%)	累计百分比(%)	抽取平方和载入 合计	方差百分比(%)	累计百分比(%)	旋转平方和载入 合计	方差百分比(%)	累计百分比(%)
1	3.961	22.006	22.006	3.961	22.006	22.006	3.183	17.683	17.683
2	3.164	17.577	39.583	3.164	17.577	39.583	2.865	15.916	33.598
3	1.602	8.898	48.481	1.602	8.898	48.481	1.825	10.136	43.735
4	1.134	6.300	54.781	1.134	6.300	54.781	1.823	10.128	53.862
5	1.044	5.798	60.580	1.044	5.798	60.580	1.209	6.717	60.580
6	0.962	5.342	65.921						
7	0.918	5.101	71.023						
8	0.795	4.414	75.437						
9	0.739	4.107	79.544						
10	0.664	3.691	83.235						
11	0.542	3.008	86.244						
12	0.524	2.913	89.157						
13	0.493	2.741	91.898						
14	0.428	2.379	94.277						
15	0.377	2.096	96.373						
16	0.280	1.555	97.928						
17	0.252	1.401	99.329						
18	0.121	0.671	100.00						

由表 9-7 可知，前 5 个特征值的累计贡献率达到 60.58%，能够较好地描述这 18 个变量，以特征值大于 1 为选择标准，可以将 18 个变量提取为 5 个因子。

通过对初始因子载荷矩阵的分析，发现各因子实际含义比较模糊。因此，需要旋转因子载荷矩阵，使抽取出来的因子含义清晰。这里采用方差最大法对因子载荷矩阵进行正交旋转，使因子具有命名的可解释性。旋转因子载荷矩阵，如表 9-8 所示。

表 9-8　　　　　　　　　旋转后因子载荷矩阵

变量	成分				
	1	2	3	4	5
E_1	-0.004	0.750	0.233	0.195	0.093
E_2	0.095	0.632	-0.077	0.135	-0.092
E_3	0.090	0.113	0.042	0.742	0.180
E_4	-0.122	-0.274	0.052	-0.606	-0.125
E_5	-0.119	0.709	0.108	0.205	-0.048
E_6	-0.097	0.459	-0.034	0.445	0.221
E_7	-0.007	0.637	0.374	0.115	0.080
E_8	0.016	0.588	0.220	-0.390	0.120
E_9	0.029	0.506	0.539	0.037	-0.245
E_{10}	0.020	0.116	0.529	0.086	0.519
E_{11}	-0.048	0.063	0.536	0.617	-0.232
E_{12}	0.091	0.202	0.831	-0.069	0.073
E_{13}	0.870	0.063	0.082	-0.060	-0.105
E_{14}	0.740	-0.016	0.040	0.045	0.281
E_{15}	0.799	0.059	0.001	0.112	0.226
E_{16}	0.601	-0.159	-0.027	0.005	-0.182
E_{17}	0.900	0.043	0.022	0.073	-0.037
E_{18}	-0.048	0.030	0.038	-0.158	-0.713

由表 9-8 可知，因子 F_1 与 E_{13}（工伤保险）、E_{14}（医疗保险）、E_{15}（养老保险）、E_{16}（生育保险）、E_{17}（失业保险）显著正相关，故称 F_1 为社会保障因子；因子 F_2 与 E_1（月平均工资收入）、E_2（对工资水平的满意度）、E_5（月平均基本生活支出）、E_6（月平均医疗保健支出）、E_7（月平均交通通信支出）、E_8（月平均文化娱乐支出）显著正相关，故称 F_2 为工资与物质文化消费因子；因子 F_3 与 E_9（月平均商品性服务支出）、E_{10}（月平均储蓄保险支出）、E_{11}（月平均子女教育费用）、E_{12}（月平均其他支出）显著正相关，故称 F_3 为劳务消费与储蓄教育消费因子；因子 F_4 与 E_3（连续在该城市工作时间）显著正相关、与 E_4（近三年更换工作次数）显著负相关，故称 F_4 为工作稳定性因

子；因子 F_5 与 E_{18}（居住形式）显著负相关，故称 F_5 为居住状况因子。

3. 计算因子得分

根据旋转后因子载荷矩阵，可以将变量降维为如下 5 个公共因子：

$$F_1 = -0.004E_1 + 0.095E_2 + 0.090E_3 - 0.122E_4 - 0.119E_5 - 0.097E_6 - 0.007E_7 + 0.016E_8 + 0.029E_9 + 0.020E_{10} - 0.048E_{11} + 0.091E_{12} + 0.870E_{13} + 0.740E_{14} + 0.799E_{15} + 0.601E_{16} + 0.900E_{17} - 0.048E_{18} \quad (9.2)$$

$$F_2 = 0.750E_1 + 0.632E_2 + 0.113E_3 - 0.274E_4 + 0.709E_5 + 0.459E_6 + 0.637E_7 + 0.588E_8 + 0.506E_9 + 0.116E_{10} + 0.063E_{11} + 0.202E_{12} + 0.063E_{13} - 0.016E_{14} + 0.059E_{15} - 0.159E_{16} + 0.043E_{17} + 0.030E_{18} \quad (9.3)$$

$$F_3 = 0.233E_1 - 0.077E_2 + 0.042E_3 + 0.052E_4 + 0.108E_5 - 0.034E_6 + 0.374E_7 + 0.220E_8 + 0.539E_9 + 0.529E_{10} + 0.536E_{11} + 0.831E_{12} + 0.082E_{13} + 0.040E_{14} + 0.001E_{15} - 0.027E_{16} + 0.022E_{17} + 0.038E_{18} \quad (9.4)$$

$$F_4 = 0.195E_1 + 0.135E_2 + 0.742E_3 - 0.606E_4 + 0.205E_5 + 0.445E_6 + 0.115E_7 - 0.390E_8 + 0.037E_9 + 0.086E_{10} + 0.617E_{11} - 0.069E_{12} - 0.060E_{13} + 0.045E_{14} + 0.112E_{15} + 0.005E_{16} + 0.073E_{17} - 0.158E_{18} \quad (9.5)$$

$$F_5 = 0.093E_1 - 0.092E_2 + 0.180E_3 - 0.125E_4 - 0.048E_5 + 0.221E_6 + 0.080E_7 + 0.120E_8 - 0.245E_9 + 0.519E_{10} - 0.232E_{11} + 0.073E_{12} - 0.105E_{13} + 0.281E_{14} + 0.226E_{15} - 0.182E_{16} - 0.037E_{17} - 0.713E_{18} \quad (9.6)$$

以旋转后因子方差贡献率为权重的经济融入的综合得分函数为：

$$F_{综} = 17.683\% F_1 + 15.916\% F_2 + 10.136\% F_3 + 10.128\% F_4 + 6.717\% F_5 \quad (9.7)$$

根据式（9.2）至式（9.7）得出各样本的因子得分以及综合因子得分，综合因子得分即每个样本的经济融入程度，参考聂伟等（2013），将其转换成 1 到 100 的指数。指数值越大，说明经济融入程度越高。

转换公式为：转换后因子得分 =（原因子得分 + B）× A (9.8)

其中，A = 99/（原因子得分最大值 - 原因子得分最小值）

B =（1/A）-（原因子得分最小值）

为了得出举家迁入城市农民工这一群体的经济融入程度，这里将调查的所有举家迁入农民工的经济融入程度求均值，得出其经济融入度为 49.26%。

同理，根据如上步骤对举家迁入城市农民工的社会融入度、心理融入度和城市融入度进行测算，结果如表9-9所示。

表9-9　　　　举家迁入城市农民工城市融入度　　　　单位：%

经济融入度	社会融入度	心理融入度	城市融入度
49.26	44.34	65.52	58.89

二　非举家迁入农民工城市融入度测算

同上，分别从农民工的经济融入度、社会融入度、心理融入度以及城市融入度等方面，对非举家迁入城市农民工的城市融入度进行测算。具体过程不再赘述，仅对测算结果进行分析。通过因子分析得出非举家迁入城市农民工的经济融入度、社会融入度、心理融入度以及城市融入度，如表9-10所示。

表9-10　　　非举家迁入城市农民工城市融入度　　　单位：%

经济融入度	社会融入度	心理融入度	城市融入度
40.31	38.03	56.56	49.85

由表9-9、表9-10可知，举家迁入城市农民工各融入度均高于非举家迁入城市农民工，综合经济、社会、心理、文化、身份五个方面的城市融入度也高于非举家迁入城市农民工，这说明举家迁入城市农民工在务工城市能够更好地生存生活，他们相对于非举家迁入城市农民工来说，拥有较好的经济实力以及与城市居民的社会交往更和谐，能够更好地融入城市生活中，逐渐成为城市的一员。

第三节　农民工城市融入影响因素研究

一　变量选取

目前，国内学者大多从社会资本、人力资本、社会化、现代性等角度对农民工城市融入的影响因素进行实证研究。刘建娥（2011）以社会融入度为因变量，自然社会特征、经济因素、社会因素的各项指标为自变量，通过多元回归和因子分析的方法，分析社会融入的影响因素。童雪敏等（2012）以是否融入上海为因变量，建立 Logit 模型，将性别、婚姻、年龄等作为控制变量，研究人力资本和社会资本对农民工城市融入的影响。

本书从个体特征、经济特征、人力资本、社会资本四个维度选取 16 个变量作为自变量。将上述所得到的举家迁入城市农民工城市融入度进行聚类分析，划分为三个有序等级，即低城市融入度、中等城市融入度和高城市融入度，作为因变量。具体变量如表 9 – 11 所示。

表 9 – 11　　　　　　　　　　变量解释及赋值

自变量		变量定义	变量符号
个体特征	性别	男 = 1；女 = 0	X_1
	年龄	16—25 周岁 = 1；26—30 周岁 = 2；31—40 周岁 = 3；41—50 周岁 = 4；51 周岁及以上 = 5	X_2
	婚姻状况	已婚 = 1；有对象，未婚 = 0	X_3
经济特征	月平均工资	2000 元以下 = 1；2000—4000 元 = 2；4000—6000 元 = 3；6000—8000 元 = 4；8000—10000 元 = 5；10000 元以上 = 6	X_4
	行业	制造业 = 1；建筑业 = 2；服务业 = 3	X_5
	社会保障	购买保险 = 1；否 = 0	X_6
	居住方式	自购房 = 1；其他 = 0	X_7
人力资本	文化程度	小学及以下 = 1；初中 = 2；高中/中专/职高 = 3；大专 = 4；本科及以上 = 5	X_8
	连续在该城市务工时间	1 年 = 1；2 年 = 2；3 年 = 3；4 年 = 4；5 年 = 5；6 年 = 6；7 年及以上 = 7	X_9
	合同签订	签订合同 = 1；否 = 0	X_{10}
	职业培训	接受过职业培训 = 1；否 = 0	X_{11}
	职业证书	有 = 1；无 = 0	X_{12}

续表

自变量		变量定义	变量符号
社会资本	实际支持	亲戚/家人、老乡＝1；进城认识的农民工＝2；当地人＝3	X_{13}
	情感支持	亲戚/家人、老乡＝1；进城认识的农民工＝2；当地人＝3	X_{14}
	社交支持	亲戚/家人、老乡＝1；进城认识的农民工＝2；当地人＝3	X_{15}
	获取工作途径	熟人介绍＝1；其他＝0	X_{16}

注：婚姻状况划分为无对象未婚、有对象未婚、已婚、离婚和丧偶，由于这里研究对象为举家迁入农民工，因此，变量取值为已婚和有对象未婚的人士。农民工从事的行业划分为制造业、建筑业以及服务业，其中服务业包括批发零售业，交通运输、仓储和邮政业，住宿和餐饮业，居民服务和其他服务业，其他。

二　模型选择

构建 Logistic 回归模型：

$$Logit(P) = \beta_0 + \beta_1 x_1 + \cdots + \beta_i x_i \tag{9.9}$$

由式（9.9）可得：

$$P = \frac{\exp(\beta_0 + \beta_1 x_1 + \cdots + \beta_i x_i)}{1 + \exp(\beta_0 + \beta_1 x_1 + \cdots + \beta_i x_i)}$$

$$1 - P = \frac{1}{1 + \exp(\beta_0 + \beta_1 x_1 + \cdots + \beta_i x_i)} \tag{9.10}$$

其中，P 表示当因变量为 1 时的概率。

由于因变量城市融入程度为有序分类变量，这里考虑有序多分类 Logistic 回归模型。城市融入度为三分类变量，假设其取值 1、2、3，则相应取值水平的概率为 π_1、π_2、π_3，相应地得到拟合的回归模型：

$$Logit \frac{\pi_1}{1 - \pi_1} = Logit \frac{\pi_1}{\pi_2 + \pi_3} = \alpha_1 + \beta_1 x_1 + \cdots + \beta_i x_i \tag{9.11}$$

$$Logit \frac{\pi_1 + \pi_2}{1 - (\pi_1 + \pi_2)} = Logit \frac{\pi_1 + \pi_2}{\pi_3} = \alpha_2 + \beta_1 x_1 + \cdots + \beta_i x_i \tag{9.12}$$

但是建立有序多分类 Logistic 回归模型需要满足一个前提条件：模型中各自变量的系数 β_i 都保持不变，即式（9.11）和式（9.12）的两个回归方程在多维空间中相互平行，因此需要进行平行线检验。如果平行线检验不通过，有两点原因：第一，可能是连接函数不准确；第二，系数随着分割点的变化而发生变化。通常，我们可以通过选择正确的连接函数来找到适合的模型。

三 模型构建

（一）平行线检验

由表 9-12 可知，平行线检验的 p 值为 0.470，大于显著性水平 0.05，满足回归方程在多维空间中相互平行的条件，所以可以运用有序多分类 Logistic 回归模型进行分析。

表 9-12　　　　　　　　　平行线检验

模型	-2 对数似然值	卡方	df	Sig.
零假设	131.657			
广义	96.701	34.955	35	0.470

（二）模型估计结果

进行有序多分类 Logistic 回归，得到模型系数估计，如表 9-13 所示。

表 9-13　　　　　　　　模型系数估计结果

变量类型	变量取值	估计 B	Wald	显著性	Exp(B)
因变量	[城市融入度=低融入度]	-3.034	3.927	0.048	
	[城市融入度=中等融入度]	3.026	4.453	0.035	
个体特征自变量	[性别=女]	-0.362	0.846	0.358	0.696
	[性别=男]	对照组			
	[年龄=16—25 周岁]	-2.262	4.736	0.030**	0.104
	[年龄=26—30 周岁]	-1.331	2.544	0.011**	0.264
	[年龄=31—40 周岁]	0.591	0.938	0.062*	1.806
	[年龄=41—50 周岁]	0.332	0.342	0.048**	1.394
	[年龄=51 周岁及以上]	对照组			
	[婚姻状况=已婚]	-0.293	0.234	0.629	0.746
	[婚姻状况=有对象，未婚]	对照组			

续表

变量类型	变量取值	估计 B	Wald	显著性	Exp(B)
经济特征自变量	[月平均工资=2000元以下]	-23.231	①	①	①
	[月平均工资=2000—4000元]	-3.720	16.189	0.000***	0.024
	[月平均工资=4000—6000元]	-2.983	11.471	0.001***	0.051
	[月平均工资=6000—8000元]	-2.212	6.551	0.010**	0.109
	[月平均工资=8000—10000元]	-2.074	3.568	0.059*	0.126
	[月平均工资=10000元以上]	对照组			
	[行业=制造业]	0.131	0.057	0.811	1.140
	[行业=建筑业]	0.729	2.801	0.094*	2.072
	[行业=服务业]	对照组			
	[社会保障=参保]	2.741	20.593	0.000***	15.502
	[社会保障=未参保]	对照组			
	[居住方式=自购房]	1.302	8.291	0.004***	3.677
	[居住方式=其他]	对照组			
人力资本自变量	[文化程度=小学及以下]	-1.181	1.893	0.069*	0.307
	[文化程度=初中]	-1.075	4.024	0.045**	0.341
	[文化程度=高中/中专/职高]	0.290	0.221	0.038**	1.336
	[文化程度=大专]	0.414	0.346	0.056*	1.513
	[文化程度=本科及以上]	对照组			
	[连续务工时间=1年]	-2.330	2.963	0.085*	0.097
	[连续务工时间=2年]	-1.533	6.716	0.010**	0.216
	[连续务工时间=3年]	-0.924	3.128	0.077*	0.397
	[连续务工时间=4年]	-0.222	0.099	0.075*	0.801
	[连续务工时间=5年]	-1.743	8.563	0.003**	0.175
	[连续务工时间=6年]	-1.457	3.821	0.051*	0.233
	[连续务工时间=7年及以上]	对照组			
	[合同签订=是]	-0.085	0.032	0.858	0.919
	[合同签订=否]	对照组			
	[职业培训=是]	0.414	1.464	0.226	1.513
	[职业培训=否]	对照组			
	[职业证书=有]	0.74	2.753	0.097*	2.096
	[职业证书=无]	对照组			

续表

变量类型	变量取值	估计 B	Wald	显著性	Exp(B)
社会资本自变量	[实际支持=亲戚家人老乡]	-0.186	0.186	0.667	0.831
	[实际支持=进城认识的农民工]	-0.797	2.740	0.098*	0.451
	[实际支持=当地人]	对照组			
	[情感支持=亲戚家人老乡]	-0.101	0.080	0.777	0.904
	[情感支持=进城认识的农民工]	0.163	0.121	0.727	1.177
	[情感支持=当地人]	对照组			
	[社交支持=亲戚家人老乡]	-1.548	13.829	0.000***	0.213
	[社交支持=进城认识的农民工]	-1.116	4.511	0.034**	0.328
	[社交支持=当地人]	对照组			
	[获取工作途径=熟人介绍]	0.548	2.271	0.132	1.730
	[获取工作途径=其他]	对照组			

注：①由于样本量太少，数值缺失；②*、**、***分别表示在10%、5%、1%的水平下显著。

(三) 模型拟合效果

由表9-14可知，对模型中自变量的偏回归系数是否全为0进行似然比检验，得出p值远远小于0.05，拒绝原假设，即说明至少存在一个自变量的偏回归系数不为0。

表9-14　　　　　　　　模型拟合信息

模型	-2对数似然值	卡方	df	Sig.
仅截距	325.745			
最终	131.657	194.088	35	0.000

(四) 回归结果的分析

由表9-13中的回归结果，可以得出：

1. 个体特征的影响

性别和婚姻状况对举家迁入城市农民工城市融入程度无显著影响。年龄对举家迁入城市农民工城市融入程度有影响。

年龄16—25周岁、26—30周岁、41—50周岁时，在5%显著性水平下，对举家迁入农民工城市融入程度有显著影响；年龄31—40周岁时，在10%显著性水平下，对举家迁入农民工城市融入程度有显著影响。对Exp(B)进行比较，可以看出年龄在31—40周岁的举家迁入农民工城市融入程度最高，是51周岁及以上农民工的1.806倍；而16—25周岁的举家迁入农民工城市融入程度是51周岁以上农民工的0.104倍；26—30周岁的举家迁入农民工城市融入程度是51周岁及以上农民工的0.264倍。随着年龄段的增加，从Exp(B)可以看出31—50周岁的举家迁入农民工城市融入程度相对较高，这是由于处于中年的农民工务工经验相对丰富，是事业的鼎盛时期，精力相对比较旺盛，能够很好地适应城市中的生活和工作，拥有较高的城市融入度。

2. 经济特征的影响

月平均工资、行业、社会保险和居住方式对举家迁入城市农民工城市融入程度均有显著影响。

月平均工资2000—4000元和4000—6000元在1%的显著性水平下，对举家迁入城市农民工城市融入程度有显著影响；月平均工资6000—8000元在5%的显著性水平下，对举家迁入农民工城市融入程度有显著影响，而月平均工资8000—10000元在10%的显著性下，对举家迁入农民工城市融入程度有显著影响。从回归系数来看，均为负数，且随着工资水平的提高，该系数在增大，这说明工资水平越高，城市融入程度也越高。这是因为收入水平较高的农民工摆脱了生活的困境，生活水平不断提高，逐渐达到城市居民的水平，能够更好地融入城市，而收入水平较低的农民工，在城市中面对更多的是生存带来的压力，如果他们在城市中更多的收入是为了解决温饱问题，那么他们就很难融入城市。

行业对举家迁入城市农民工城市融入度的影响不完全显著，相对于服务业，建筑业的举家迁入城市农民工城市融入程度是其2.072倍。这可能是因为农民工所从事的服务业大多是技术含量比较低而且没有发展潜力的低端服务业，而建筑业虽然辛苦，但工资水平较高。

社会保障在1%的显著性水平下对举家迁入城市农民工城市融入程度有显著影响。从Exp(B)可以看出，参加社会保险的举家迁入城市农民工城市融入程度是未参加社会保险的15.502倍。这可能是因为参加社会保障能够让农民工在城市中享受到一些福利待遇,能够使他们在城市中稳定生活,提高他们的生活水平,从而提高城市融入程度。

居住方式在1%的显著性水平下对举家迁入城市农民工城市融入程度有显著影响。从 Exp(B)可以看出,相对于其他居住方式,居住在自购房的举家迁入农民工城市融入程度是其3.677倍。自购房代表了农民工在城市中有个安定的住所,他们既然能够在城市买房,说明他们具有一定的经济实力,能够在城市中占有一席之地。

3. 人力资本的影响

文化程度、连续在该城市务工时间和职业证书对举家迁入城市农民工城市融入程度有显著影响,合同签订和职业培训对举家迁入城市农民工城市融入程度无显著影响。

文化程度对举家迁入城市农民工城市融入程度有显著影响。从 Exp(B)可以看出,相对于本科及以上农民工,小学及以下文化程度的举家迁入农民工城市融入程度是其0.307倍,初中文化程度的举家迁入农民工城市融入程度是其0.341倍,高中/中专/职高的举家迁入农民工城市融入程度是其1.336倍,大专文化程度的举家迁入农民工城市融入程度是其1.513倍。从中可以看出,随着文化程度的提高,举家迁入城市农民工城市融入程度越高。这可能是因为具有较高文化程度的农民工,能够在城市中获得更多更好的就业机会,收入水平也相对会比较高,从而城市融入程度较高;而文化程度较低的农民工,在城市务工过程中可能会经常碰壁,他们无法胜任高技术水平的工作,也较难接触较高水平的市民,在城市中处于迷茫的状态,因此城市融入程度不高。

连续在该城市务工时间对举家迁入城市农民工城市融入程度有显著影响。从 Exp(B)可以看出,相对于连续务工7年及以上的农民工,连续务工4年的举家迁入城市农民工城市融入程度是其0.801倍,连续务工1年的举家迁入城市农民工是其0.097倍,连续务工2年的举家迁入城市农民工是其0.216倍,连续务工3年的举家迁入城市农民工是其0.397倍。可以认为,举家迁入城市农民工连续务工年限越长,城市融入程度越高。

职业技能证书或职称在10%的显著性水平下,对举家迁入城市农民工城市融入程度有显著影响。拥有职业技能证书或职称的举家迁入城市农民工城市融入程度是没有职业技能证书或职称的农民工的 2.096 倍。这可能是因为拥有职业技能证书或职称的农民工能够获得更有技术性的工作，收入水平也会相对更高，从而城市融入程度更高。

4. 社会资本的影响

实际支持和社交支持对举家迁入城市农民工城市融入程度影响显著。而情感支持和获取工作途径对举家迁入城市农民工城市融入程度无显著影响。情感支持是指当遇到困难或困惑时，一般会向谁咨询、求助；社交支持是指会和谁一起参与休闲活动，比如吃饭打牌等。

实际支持对举家迁入城市农民工城市融入程度影响不完全显著。从 Exp(B) 可以看出，在日常生活中，需要帮助时，相对于向当地人求助，向进城认识的农民工求助的举家迁入城市农民工城市融入程度是其 0.451 倍。

社交支持对举家迁入城市农民工城市融入程度影响显著。从 Exp(B) 可以看出，相对于休闲活动时会和当地人一起参与，与亲戚家人老乡一起的举家迁入城市农民工城市融入程度是其 0.213 倍，与进城认识的农民工一起的举家迁入城市农民工城市融入程度是其 0.328 倍。这可能是因为他们愿意与当地人交往，缩短他们之间的距离，从而拥有较高的城市融入度。

第四节 研究启示与不足

一 研究启示

（1）当前农民工城市融入程度普遍不高，其中举家迁入农民工城市融入程度明显高于非举家迁入农民工。通过探索性因子分析得出举家迁入城市农民工城市融入度为 58.89%，非举家迁入农民工城市融入度为 49.85%。其中，举家迁入城市农民工经济融入度为 49.26%，非举家迁入农民工经济融入度为 40.31%；举家迁入城市农民工社会融入度为 44.34%，非举家迁入农民工社会融入度为 38.03%；举家迁入城市农民工心理融入度为 65.52%，非举家迁入农民工心理融入度为 56.56%。

因此，可以通过提高农民工经济水平、社会参与水平、文化心理水平，提高城市融入程度。

（2）年龄、月平均工资、行业、社会保险、居住方式、文化程度、连续在该城市务工时间、职业证书、实际支持和社交支持对举家迁入城市农民工城市融入程度有显著影响。31—50周岁的举家迁入农民工城市融入程度相对较高；月平均工资越高，城市融入程度也越高；相对于制造业和服务业，建筑业的举家迁入城市农民工城市融入程度较高；参加社会保险的举家迁入城市农民工城市融入程度比未参加社会保险的高；居住在自购房的举家迁入农民工城市融入程度比其他居住方式的农民工高；随着文化程度的提高，举家迁入城市农民工城市融入程度越高；连续务工年限越长城市融入程度越高；拥有职业技能证书或职称的举家迁入城市农民工城市融入程度比没有职业技能证书或职称的农民工高；在日常生活中需要帮助时，向当地人求助以及多和当地人一起参与休闲活动都能够提高农民工的城市融入度，与当地人交往能够消除人与人之间的隔阂，缩短人与人之间的距离，让当地人不再歧视外地人，从而提高城市融入度。

（3）社会资本和人力资本对农民工城市融入程度有一定的影响。社区居委会应该经常组织一些社区活动，鼓励农民工和市民一起参与社区组织的活动，比如文体娱乐活动、选举活动、志愿者活动、募捐活动等，从而使农民工能够更好地感受城市的文明，同时还能够加强农民工与城市市民的交流，实现双向互动，消除城市市民对农民工的偏见与歧视；相关部门应该建立农民工工会组织，让更多的农民工参与到工会组织中，促使农民工由依靠原始的血缘组织和地缘组织转变为运用正式组织来维护自己的权益。政府部门应该加大对农民工职业培训的资助，培养更多的技术性人才，以满足快速发展的社会需要。同时，应该和企业合作，积极开展职业培训计划，加快培养技术性人才，提高农民工的技术水平；政府有关部门应该调整农村的教育结构，增加农村教育的财政支出，提高师资力量以及硬件和软件设施，从而提高农民工本身的教育水平，同时还要注重提高农民工子女的教育水平。从社会资本和人力资本角度提高农民工城市融入度。

二 研究不足

农民工的城市融入也带有较强的地域性、时序性，本书只是针对调查时点在南京市区所抽取的农民工城市融合度进行分析，样本量有限，并不能完全反映农民工群体在务工地城市融入的整体情况。一方面，农民工在不同类别的城市其融入度不同。一般来说，在大城市由于其较高的生活成本与身份准入制度，农民工由于受自身人力资本与社会资本的限制，其城市融入度相对较低，而小城市农民工城市融入度相对较高。另一方面，随着农民工在务工城市生活、工作时间的增加，其自身的收入水平、人力资本、社会资本都会逐步提高，会增强对务工城市的认同感，随着时间的推移，农民工的城市融入度也将会逐步提高。

第十章　农民工市民化成本测算

农民工市民化过程包含农村退出、城市进入、城市融入三个阶段，在这一过程中，农民工转变成市民，必将产生相应的费用，也就是农民工市民化的成本，其涵盖了为实现农民工在城市定居，农民工在身份、价值观念和生产生活方式、自身素质等各方面的转变所产生的成本支出，以及为促进农民工积极融入城市的工作和生活所需要投入的资金量总和，既包括为实现市民化给政府企业带来的公共成本支出，也包括农民工自身需要付出的私人成本。

第一节　农民工市民化成本测算理论基础

一　文献研究

关于农民工市民化的研究成果已经相当丰富，在诸多方面都已达成了一定的共识。但是在农民工市民化的相关研究文献中，主要的关注点都在农民工市民化的意义、阻碍因素以及促进市民化的政策建议上，对于农民工市民化成本的研究相对较少。对于已有的农民工市民化成本问题的研究，从研究角度来看，大多数学者在研究农民工市民化成本问题上都是基于人口城市化，并主要将成本分为个人成本和公共成本两部分。

部分学者仅关心公共成本（政府成本）。申兵（2012）重点研究的是政府负担的综合成本，这其中包括为接纳市民化的农民工而投入的公共服务成本、农民工随迁子女教育成本、社会保障成本、保障性住房成本、基础设施建设成本、城市管理成本等。刘洪银（2013）从地市预算支出入手估算各省市差异化市民化成本，地市级政府承担的农民工市民化教育支出、社会保障与就业支出、医疗卫生支出、一般公共服务支出和住房保障支出5项成本占本省一般预算支出比率平均为2.7%，农民工集聚的东部沿海地区达到5%左右。陆成林（2014）根据辽宁省的实际情况，提出区分下限成本和上限成本的思路，采用分类计算成本最后加总的方法，对农民工市民化过程中的公共成本进行了测算，得出辽宁省农民工市民化的成本为人均2.5万—7.5万元。姚毅（2015）采用每增加一个城镇户籍人口所需要的财政支出的增量来反映农民工市民化的成本，针对四川、重庆等省（市）农民工市民化进行了测算和比较分析，侧面说明单靠地方推动农民工市民化改革存在巨大的改革阻力。

另外一部分学者则从社会成本角度研究农民工市民化的成本。社会成本同时包含公共成本和个人成本。訾凤鸣（2010）将农民工市民化的社会成本分为个体发展成本与社会发展成本。其中个体发展成本是指必须付出的个人生活成本、文化成本、安居成本与社会保障成本等。社会发展成本是指为保障城镇健康协调发展所必需的城市内的基础设施、生态环境与公共管理等基本功能要素的投资成本。敖璟荟（2014）以江西省为对象，将农民工市民化成本分为个人成本和公共成本，计算出江西省每一个农民工市民化成本约12万元，其中占比最大的是住房成本和社会保障成本。眭海霞（2015）认为，农业转移人口市民化成本主要分为保障住房成本、教育培训成本、社会保障成本、基础设施建设增加成本、私人增加的生活成本五个部分，对其进行分类加总测算的结果显示，成都市农业转移人口市民化的人均总成本为28.58万元。其中，政府需要承担的部分超过总成本的一半，而企业和农民工个人分别需要承担的部分均少于成本总额的1/4。李长生（2015）认为，包括私人发展成本和公共发展成本。私人成本具体包括个人生活成本、城市住房成本和机会成本，公共成本包括社会保障成本和城市基础设施成本两大类，测算出云南省农民工市民化成本为8.1万元。李鹤（2016）在构建内蒙古农民工市民化成本过程中，把农民工市民化成本分为私人成本和公共成本，整理计算可得：2015年、2020年、2030年内蒙古农民工市民化总成本分别为1062.27亿元、1525.59亿元、3771.34亿元。

在国内农民工市民化的成本测算研究中，学者们已经获得一系列的理论成果，但是仍然存在很大的改进空间：一是关于农民工市民化成本的内涵学者们各有说辞，目前并没有形成科学的、获得普遍认同的成本构成测算体系和方法，研究测算结果存在较大差异。二是对基本公共服务管理成本的计算中存在项目漏缺和重复计量的问题。三是农民工市民化过程中，城镇公共支出成本不断增加的同时，农村公共支出成本不断减少（比如市民化后的农民工参加了城镇职工养老保险后即可退出新农保），现有研究大多只考虑了政府城镇公共成本的增加部分并没有考虑农村公共支出的减少部分，因而对国家整体财政支出估算存在一定的夸大成分。

二 测算基础

马斯洛的需求理论认为，人的需求可分为五个层次，分别是生理、安全、社会、尊重和自我实现。农民工是否做出市民化决策，常常也是由五个方面的需求是否得到满足而决定。要让农民工做出市民化的决策，首先要满足农民工在城市衣食住行方面的基本生理需求，提供基本就业岗位作为农民工的生活来源；其次需要为他们提供各种类型的社会保障以满足他们的安全需求，比如基本养老、医疗、失业、工伤等保险。同时，农民工在融入城市时需要享受城市居民同等的待遇，需要一系列的制度创新，以满足他们的社会需求。农民工也希望消除雇主以及城市居民对他们的歧视和偏见，以满足他们的尊重需求。最后农民工也有实现个人理想抱负的愿望，形成自我实现需求，这就需要政府提供一系列的教育和培训。农民工的每一项需求都带来了市民化成本的增加。

农民工市民化的成本就是农民工在获得社会权利（生存权、发展权等）时在城市就业、社会保障、住房保障、随迁子女教育等方面产生的相应成本支出。和城市化成本相比，市民化成本除了有政府财政支出方面的成本外，还应当有农民工个人成本方面的支出。

农民工市民化在实质上就是人口城市化。农民工市民化过程中解决的是农民工基本权利保障、社会适应以及城市融入等问题，其实就是实现农民工身份转换为市民，生产生活方式、思维方式向城市居民的转变。人口城市化是指工业化过程中伴随着的农业人口转换成非农业人口的过程。人口城市化的过程中，农村人口不仅在行为上迁移聚集成城市居民，并且职业趋向非农生产，思维方式和生产生活方式渐趋城市化。这两者之间有一定的相似性。当然，农民工市民化与人口城市化也存在一定的区别。人口城市化转换过程较为短暂，转移人口的城市居住、社会保障方面的支出不需要额外支付。农民工市民化则不同，农民工身份城市化的进程落后于职业非农化的进程，其原因是城乡二元体制的存在。而且，农民工市民化成本所涵盖的范围更加广泛。

农民工市民化成本构成复杂，准确测算农民工市民化成本绝非易事；同时，由于各地区经济发达程度、资源禀赋等要素差异较大，不同类型的农民工（包括本地农民工与异地农民工）在不同地区实现市民化成本差异也较大。

三 测算原则

考虑到研究条件的有限性以及数据的可获得性，对农民工市民化成本测算遵循下列原则：

（一）科学性原则

在选择测算内容时，立足的中心思想是服务均等化，保证农民工市民化后同城镇居民一样享有同等的福利待遇和社会保障等，从而使测算内容尽可能科学合理。

（二）合理性原则

一方面，所依据的原始数据具有可获得性，其来源具有权威性；另一方面，结合农民工工作的开展情况，采用 5 年数据计算得出每新增一名市民所增加的支出当作一个农民工市民化所需的成本，从而使测算结果尽可能与实际情况相符。

四 成本构成

农民工市民化成本主要是指经济成本，强调的是从身份、思想意识、生产生活方式、社会权利等方面，使现有生活在城市的农民工由农民向城市市民转变所必须投入的最低资金数额，包括公共成本与个人成本（范红忠，2006；陈映芳，2005）。

（一）公共成本

（1）城市基础设施建设成本，即城镇为容纳新增加的市民化人口提供日常生活正常进行的各类城市基础设施（水电、交通等）的建设和维护所需要投入的资金量。城市转移人口不仅包含了进城农民工，同时也包括了其他各类原因（比如职位调动等）跨省迁移的人口，然而这部分人口数量远远小于进城务工的农民工群体，可以忽略不计，所以这部分成本可用扣除住房投资的人均固定资产投资额作为替代计算。

（2）城市基本公共服务管理成本，即为保证农民工市民化稳定有秩序地进行，各级政府所必须进行的公共管理、公共服务的资金投入。公共服务具有多样性、差异性，将一般公共服务、科教文卫支出等几项支出作为公共管理成本的主要成分进行测算。

（3）社会保障成本，即农民工市民化后，他们所享有的同城镇居民同等的城镇基本社会保障的资金投入量。目前全国的社会保障体系主要涵盖基本医疗保险、基本养老保险、工伤保险、失业保险以及生育保险等。农民工在参加农村社会保障的基础上，农民工市民化过程中社会保障成本可以用农民工与城镇居民社会保障之间的差距来测算。

（4）保障性住房成本，即农民工市民化的最低居住成本，一般为城市廉租房或者经济适用房的成本支出。

（5）随迁子女教育成本，即农民工市民化后其子女也随迁来到城市，并在城市读书，各级政府在农民工随迁子女的教育方面额外的投资，形成农民工市民化随迁子女的教育成本。

（二）个人成本

（1）生活成本，农民工从农村来到城镇，农村消费水平较低，城镇消费水平相对较高，随着农民工转化为市民在城镇常住，生活水平提升的同时生活成本也会随之增加，也就产生了城市生活成本，可以用两者差额来表示。

（2）住房成本，农民工在城市生活工作较长一段时间后，为融入务工城市，需要有稳定的住房，购房成本大部分需要农民工自身承担，这就形成农民工市民化成本中个人需要负担的住房成本。

（3）自我保障成本，即农民工市民化后参与到城镇社会保障体系中后需要自己承担的部分。

（4）机会成本，即农民工市民化后，在城市工作生活所放弃在农村承包土地的租金收入、农业生产收入和从事非农活动所获得的经济收益。

农民工市民化成本构成,具体如图 10-1 所示。

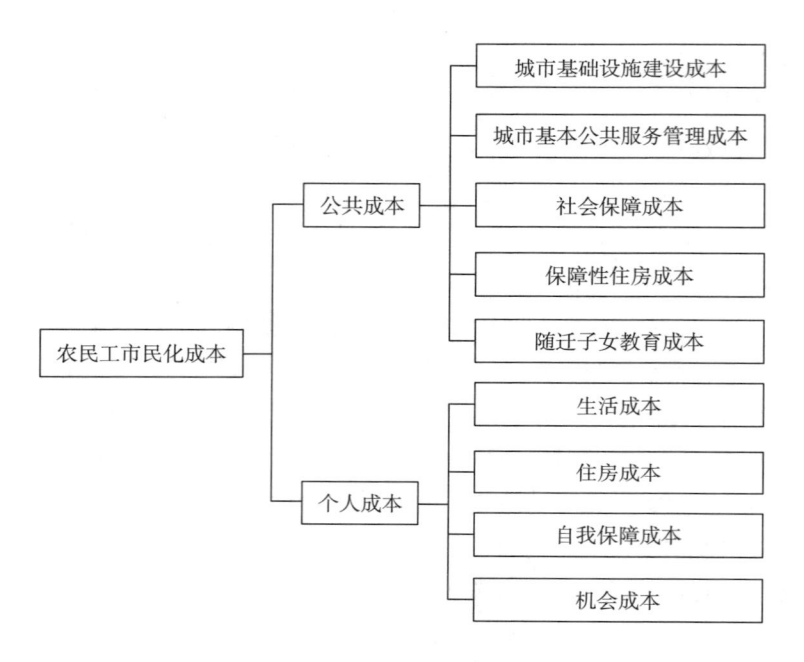

图 10-1 农民工市民化成本构成

第二节 农民工市民化成本测算

一 公共成本

(一)城市基础设施建设成本

城镇基础设施属于公共产品,随着城市内农民工市民化进程的不断加快,城镇常住人口逐渐增多,原有的城市基础设施的使用出现了拥挤的状况,为了容纳新增市民人口,保证城镇人口日常生活的稳定运行,必须在基础设施建设方面投入新的资本。

城市基础设施的公共性决定了每一个农民工转变为市民时需要相应地增建某些基础设施,鉴于数据的可获取性,这里用扣除房地产开发投资的年固定资产投资额代表农民工市民化的城市基础设施建设投资成本，具体计算见表 10-1。假设 I_n 为城市固定资产投资总额，P_n 为年平均人口，W_n 为人均固定资产投资额，则：

$$W_n = I_n/P_n \,(n=2010,2011,2012,2013,2014) \qquad (10.1)$$

年人均城市固定资产投资额 $= \dfrac{1}{5}\sum W_n = 41450.76$ 元，则农民工市民化成本中 $C_{基础} = 41450.76$ 元。

表 10-1　城市基础设施建设成本计算

指标＼年份	2010	2011	2012	2013	2014
城镇固定资产投资（亿元）	243797.79	302396.06	364854.15	435747.43	501264.87
房地产开发投资（亿元）	48259.40	61796.89	71803.79	86013.38	95035.61
扣除房地产投资的固定资产投资（亿元）	195538.39	240599.17	293050.36	349734.05	406229.26
城镇人口（万人）	66978	69079	71182	73111	74916
人均固定资产投资额（元）	29194.42	34829.57	41169.17	47836.04	54224.63
年人均固定资产投资额（元）	\multicolumn{5}{c}{41450.76}

资料来源：《中国统计年鉴》（2011—2015 年）相关指标数据计算得到，下同。

（二）城市基本公共服务管理成本

农民工市民化进程中，大量农民工离开农村来到城镇谋求更好的发展，他们的聚集也为城镇居民带来一定程度的影响。为使农民工更好地融入城镇，实现公共服务均等化，将会增加城镇的基本公共服务管理成本。这里仅测算农民工市民化带来的一般公共服务、文化体育、科学技术、公共安全、传媒等公共服务管理成本。用 2010—2015 年一般公共服务、公共安全、城乡社区事务、科学技术、文化体育与传媒、节能环保和交通运输等相关指标数据进行计算。根据公共管理方面的支出金额，除以年平均人口的数据，计算得到城镇年人均公共服务管理成本 $C_{成本}=3436.59$ 元，具体计算见表 10-2。

表 10-2　　　　城市基本公共服务管理成本计算

指标 \ 年份	2010	2011	2012	2013	2014
一般公共服务（亿元）	9337.16	10987.78	12700.46	13755.13	13267.50
公共安全支出（亿元）	5517.7	6304.27	7111.6	7786.78	8357.23
科学技术支出（亿元）	4196.70	4797.00	4452.63	5084.30	5314.45
文化体育与传媒支出（亿元）	1542.70	1893.36	2268.35	2544.39	2691.48
节能环保支出（亿元）	2441.98	2640.98	2963.46	3435.15	3815.64
城乡社区事务（亿元）	5987.38	7620.55	9079.12	11165.57	12959.49
交通运输支出（亿元）	5488.47	7497.80	8196.16	9348.82	10400.42
公共服务管理成本合计（亿元）	34512.09	41741.74	46771.78	53102.64	56806.21
年平均人口（万人）	134091	134735	135404	136072	136782
城市人均公共服务管理成本（元）	2573.78	3098.06	3454.24	3903.83	4153.05
年人均公共服务管理成本（元）	3436.59					

（三）社会保障成本

通常情况下，城镇社会保障体系仅仅针对城市居民，尽管农民工对务工城市的经济、社会发展作出巨大贡献，但因农民工没有流入地的城镇户口，无法同城镇居民一样享有平等的城镇社会保障体系。同时，进城务工农民工群体城市就业状态并不稳定，也阻碍了进城务工的农民工不能加入城镇社会保障体系中。农民工市民化后，他们享有与城镇居民一样的养老、医疗、失业、工伤、生育保障以及其他的社会救助体系。

1. 养老保险

目前全国居民养老保险分成城镇职工、城乡居民社会养老保险，市民化后的农民工群体主要参与的是城镇职工基本养老保险。用农民工退休后领取的养老金的金额扣除个人账户养老金得到的差额来代表由社

(企业和政府财政)负担的养老保险金额。2014年农民工监测报告显示:农民工的平均年龄由35.5岁上升到38.3岁。目前,全国人均预期寿命超过76岁。

所以,假定代表性农民工现龄38岁,从2014年开始参加城镇职工基本养老保险,每年自己缴纳的养老保险金额为在岗职工平均工资的8%。2036年,代表性农民工60岁退休,以当前全国人均预期寿命76岁来计算,代表性农民工可获得16年基本养老金。假设基本养老金记账利率不变,设为 i = 3.5%,这样代表性农民工个人账户上的养老金数值将逐渐增加。同时,假设代表性农民工在参保年份,城镇职工的平均工资年涨幅为10%,那么代表性农民工个人账户总额,如表10-3所示。

表10-3　　　　　　养老保险个人账户支出计算　　　　　单位:元

年份	平均工资	每月缴纳	年缴纳	年计利息	个人账户总额
2014	4780.08	382.41	4588.88	160.61	4749.49
2015	5942.72	426.38	5116.60	179.08	5295.68
2016	6626.13	475.42	5705.01	199.68	5904.68
2017	7388.13	530.09	6361.08	222.64	6583.72
2018	8237.77	591.05	7092.61	248.24	7340.85
2019	9185.11	659.02	7908.26	276.79	8185.05
……	……	……	……	……	……
2029	24465.73	1957.26	23487.10	822.05	24309.15
2030	27279.29	2182.34	26188.12	916.58	27104.70
2031	30416.41	2433.31	29199.75	1021.99	30221.74
2032	33914.29	2713.14	32557.72	1139.52	33697.24
2033	37814.44	3025.16	36301.86	1270.57	37572.43
2034	42163.10	3373.05	40476.57	1416.68	41893.25
2035	47011.85	3760.95	45131.38	1579.60	46710.98
2036	52418.22	4193.46	50321.49	1761.25	52082.74

由表 10-3 可知，个人账户缴纳总额：$G_{总} = \sum_{n=2014}^{2036} G_n = 447996.37$ 元，个人账户总额折现 2014 年现值：$G_{2014} = \dfrac{G_{总}}{(1+i)^{23}} = 203070.32$ 元，则社会保障个人平均年支出为：$G_{个} = G_{2014}/23 = 8829.14$ 元。

基本养老金 = 基础养老金 + 个人账户养老金。

基础养老金 = （参保人员退休时上一年度在岗职工月平均工资 × 最低缴费系数 + 本人指数化月平均工资）/2 × 个人累计缴费年限 × 1%

假定缴费基数为 100%，则本人指数化月平均工资等同于退休时上年度城镇在岗职工月平均工资。

个人账户养老金 = 个人账户全部储存额/计发月数。

假定职工 60 岁达到退休年龄，以人均预期寿命 76 岁来计算，2036 年该代表性农民工达到退休年龄，养老金计发月数为 139 个月。

$r = 52418.22 \times 23 \times 1\% + G_{总}/139 = 15279.19$

R_n 代表年领取养老金数额，F_n 代表以 2037 年为基准折现的养老金收益，则采用年金现值法计算每年农民工养老金领取额，见表 10-4。

表 10-4　　养老金领取额和折现值计算　　单位：元

年份	月领取养老金	年领取养老金	收益折现
2037	13071.17	156854.04	156854.04
2038	13071.17	156854.04	151549.80
2039	13071.17	156854.04	146424.92
2040	13071.17	156854.04	141473.36
……	……	……	……
2049	13071.17	156854.04	103803.39
2050	13071.17	156854.04	100293.13
2051	13071.17	156854.04	96901.57
2052	13071.17	156854.04	93624.71
合计	—	2039102.52	1963406.50

$$R_{总} = \sum_{n=2037}^{2052} R_n = 2039102.52 \text{ 元},$$

$$F_{总} = \sum_{n=2037}^{2052} F_n = 1963406.50 \text{ 元},$$

2037 年个人收益总额：

$$Y_{总} = F_{总} - G_{总} = 1963406.50 - 447996.37 = 1515410.13 \text{ 元},$$

2014 年个人收益总额（现值）：$Y_{2014} = \dfrac{Y_{总}}{(1+i)^{23}} = 686913.64 \text{ 元},$

年养老保险公共支出成本：$C_{养支} = Y_{2014}/23 = 29865.81 \text{ 元}$。

根据测算，到 2052 年，该代表性农民工共享受基本养老金数额为 2039102.52 元，相当于 2036 年的 1963406.50 元（年利率 3.5% 折现），从而得到 2036 年该代表性农民工个人收益总数额达到 1515410.13 元，折现到 2014 年，代表性农民工个人收益总数额为 686913.64 元。

农民工参与的城镇职工基本养老金年收益就是政府的公共成本支出，将这个成本数额按照 23 年均摊，那么农民工市民化过程中代表性农民工年养老保险公共支出成本 $C_{养支} = 29865.81$ 元。

由于缺少"新农保"全国层面数据，用江苏省相关数据替代测算农民工"新农保"成本（$C_{农}$）。为了实现城乡居民社会养老保险基金制度的统一，江苏省从 2014 年 1 月 1 日起开始全面整合农村"新农保"制度和城镇居民养老保险制度。城乡居民社会养老保险负担主要由个人、集体和政府这三部分组成。参与城乡居民社会养老保险的人员需要按相关规定缴纳养老保险费用。这部分人员指的是：没有参加城镇职工基本养老保险的农村居民以及城镇非从业居民（不含在校学生），具有江苏省户籍，年龄在 16 周岁至 60 周岁，他们可在户籍地自愿选择是否参加此项保险。城乡居民社会养老保险个人缴费区间分为 12 个档次，从 100 元到 1200 元不等。基于上述测算方法，对代表性农缴纳的城乡居民社会养老保险金额以及他所领取到的养老金总金额折现至 2014 年，并按照 22 年进行分摊，则政府需要负担的农民养老成本金额为 2763.45 元，计算结果见表 10-5。

所以，进城务工农民工从城乡居民基本养老保险转成城镇职工基本养老保险后，社会需要负担的人均养老保险成本 $C_{养}$ 年增加：

$$C_{养} = C_{养支} - C_{农} = 29865.81 - 2763.45 = 27102.36 \text{ 元}$$

显然，农民工参与城镇职工养老保险与城乡居民养老险的差额较大，而政府公共财政是负担农民工养老保险成本的主体，农民工转化为市民，政府需要为此负担养老保险压力较大。

表 10 – 5 　　　　　基本养老保险成本支出计算　　　　　单位：元

	农民养老成本	个人	政府
总成本（折合到 2014 年）	67554.45	6069.24	63555.21
年均值（22 年均摊）	2937.33	173.88	2763.45

资料来源：根据江苏省统计局网站（http://www.jssb.gov.cn/）数据计算得到。

2. 基本医疗保障成本

2014 年全国"新农合"补助标准每人每年平均约为 240 元，而城镇居民医保补助标准为每人每年 320 元。进城务工农民工市民化后以市民身份享受市民待遇的医疗保障，相应地提高了补助标准。农民工在参加"新农合"时，已享受一部分财政补助，市民化后，原有的补助可以抵消一部分财政负担，所以并不会给政府财政增加过大的压力。政府财政需要新投入的部分是农民工市民化后城镇居民医保财政补助与"新农合"补助的差额，2014 年人均补助差额为 80 元，即 $C_{医疗} = 80$ 元。

3. 失业保险成本

农民工工作并不稳定，即使市民化，他们自身的能力及综合素质也不会有太大的提升，仍然面临着失业的风险。因此，他们理应享有同城镇职工一样的失业保险，以使在失业情况下获得相应的失业保障。通过人均领取失业保险支出成本来衡量农民工市民化公共成本中的失业保险成本，具体计算见表 10 – 6。

由表 10 – 6 可知，计算得到：$C_{失业} = 0.4\% \times \dfrac{1}{5} \sum_{2010}^{2014} \left(\dfrac{T_n}{N_n} \right) = 96.76$ 元。

其中，$C_{失业}$ 为市民化后的农民工人均领取失业保险金数额，也就是社会需要负担的失业保险支出成本；T_n 为全国失业保险金年支出额；N_n 为全国每年获得失业保险金人数。

表 10-6　　　　　　　　失业保险金支出成本计算

指标 年份	领取失业 保险金人数 （万人）	失业保险 金支出 （万元）	第二、第三产 业就业人数 （万人）	领取失业保险金人数占 第二、第三产业就业 人数比例（%）	人均失业 保险金支出 （元）
2010	209.10	423.3	48174	0.43	20243.90
2011	197.00	432.8	49826	0.40	21969.54
2012	204.00	450.6	50931	0.40	22088.24
2013	197.00	531.6	52806	0.37	26984.77
2014	207.20	614.7	54463	0.38	29666.96
年均值				0.40	24190.69

资料来源：《中国统计年鉴》（2011—2015 年）相关指标数据计算得到，下表同。

4. 居民最低生活保障成本

现阶段城镇、农村人均最低生活保障方面的支出存在较大的差异，农民工享受低保的比例理应适当高于城镇居民的低保比例。所以，在测算全国农民工市民化过程中政府需要负担的人均最低生活保障成本的计算公式：$C_{低保}$ = 城镇、农村居民人均最低生活保障支出的差额 × 农村享受低保人口比例。

2014 年，全国城镇人均低保金额为 2202.04 元，农村人均低保金额为 1113.26 元，城镇、农村享受低保的人口比例分别为 2.61% 和 7.55%，所以在公共成本方面计算可得，农民工市民化后每年需增加支出的人均低保成本 $C_{低保}$ = 82.20 元。

5. 生育保险成本

生育保险支出采用全国生育保险基金支出除以参加生育保险的人数加以测算。根据《中国统计年鉴》2010—2014 年相关指标统计数据，计算得到全国公共财政负担的人均生育保险补助金额为 144 元，即 $C_{生育}$ = 144 元，计算过程见表 10-7。

6. 工伤保险

基于全国财政补助情况和工伤保险基金支出测算人均工伤保险支出。根据 2010—2014 年相关指标数据，得到全国公共财政对每位参保人员的工伤保险补助额度为 201.65 元，即人均工伤保险成本 $C_{工伤}$ =

201.65 元，计算过程见表 10-8。

表 10-7　　　　　　　　生育保险支出成本计算

指标＼年份	2010	2011	2012	2013	2014
生育保险基金支出（亿元）	109.9	139.2	219.3	282.8	368.1
年末参加生育保险人数（万人）	12335.90	13892	15428.7	16392	17038.7
年人均享受生育保险金额（元）	89.09	100.20	142.14	172.52	216.04

表 10-8　　　　　　　　工伤保险支出成本计算

指标＼年份	2010	2011	2012	2013	2014
工伤保险基金支出（亿元）	192.40	286.40	406.30	482.10	560.50
年末参加工伤保险人数（万人）	16160.7	17695.9	19010.1	19917.2	20639.2
年人均享受工伤保险金额（元）	119.05	161.85	213.73	242.05	271.57

（四）保障性住房成本

大部分的农民工工资收入偏低，但农民工所在的务工城市一般房价较高，有能力购买流入地住房的农民工比例较低，需要为市民化后的农民工提供一部分保障性住房，其主要形式是廉租房。由于全国廉租房补助标准数据的局限性，本书选取了经济相对发达的地区江苏省和经济不太发达的辽宁省作为代表，求其平均数代表全国廉租房补助标准为 15.65 元/月/平方米，人均补贴 16.7 平方米，则农民工市民化后政府需要负担的人均住房补贴为 3136.26 元/人/年，即 $C_{保障}$ = 3136.26 元。

（五）随迁子女教育成本

农民工随迁子女进入城镇后同样需要接受九年义务教育，他们也应当享有同城镇居民相同的义务教育。《2014 年全国教育事业发展统计公报》显示，全国义务教育阶段在校生数量为 1.38 亿，进城务工人员随迁子女共有 1294.73 万人，其中小学生有 955.59 万人，初中生有 339.14 万人。

农民工市民化过程中，大批农民工随迁子女来到城镇学校就读，这必然需要政府在师资、校舍、教学设备,同样包括学杂费、公共经费、教科书费用、教学设施费用等方面增加大量的资金投入,具体的金额可表示为生均教育经费,其具体计算过程见表10-9。上述城镇基础设施建设成本中已包含新建学校成本,此处无须重复考虑。

表10-9　　　　　随迁子女生均财政性教育成本计算

年份	小学生均财政性教育经费（元）	初中生均财政性教育经费（元）	城镇小学在校生人数（人）	城镇初中在校生人数（人）	学生生均财政性教育经费（元）
2010	3432.65	4538.39	—	—	
2011	4097.62	5415.41	—	—	
2012	5061.64	6743.63	10355426.00	3583291.00	5494.04
2013	6279.95	8493.66	9308533.00	3463140.00	6880.22
2014	7022.84	9542.68	9555861.00	3391446.00	7682.90
年均值					6685.72

资料来源:根据《中国统计年鉴》(2011—2015年)、《中国教育统计年鉴》(2011—2015年)相关指标数据计算得到。

由表10-9可知,随迁子女义务教育成本为:$C_{教育} = 6685.72$ 元。

二　个人成本

（一）生活成本

城市生活成本指的是农民工转变为城镇居民后的生活成本增加,包含水电气、日常消费、通信、交通等方面的费用。基于数据可获得性,用农民消费水平指标替代农民工消费水平,得:$C_{生活} = C_{城生} - C_{农生}$,计算过程见表10-10。

由表10-10可知,农民工市民化后平均增加的生活成本为:$C_{生活} = 10149.52$ 元。

（二）住房成本

真正意义上的市民化,农民工需要在城镇拥有较为稳定的住房。农民工市民化进程中,农民工的经济收入,必须能够满足个人及整个家庭在城镇居住的支出。由于租住或购置房屋是自主选择的，相应的成本由农民工自己负担。不管以何种方式解决农民工住房问题，住房成本都是农民工市民化进程中个人承担的成本中极其重要部分。

表 10-10　　　　　城乡居民消费水平差距计算　　　　　单位：元

项目＼年份	2010	2011	2012	2013	2014
城镇居民生活消费支出	13471.50	15160.90	16674.30	15453.00	16690.60
农村居民生活消费支出	3859.30	4733.40	5414.50	5978.80	6716.70
差额	9612.20	10427.50	11259.80	9474.20	9973.90
平均差额	\multicolumn{5}{c}{10149.52}

资料来源：根据《中国统计年鉴》（2011—2015 年）相关指标数据计算得到，下表同。

假设一位代表性农民工自己购买住房，尽管农民工的身份已经从农民转化为市民，他的工资收入水平不高，所以采用价格适宜的经济适用房的均价替代普通商品房进行计算。一般单套经济适用房面积约为 60 平方米/套，以农村住户每户常住人口数替代进城务工农民工每户常住人口数，用农民工及家属人均居住面积乘以经济适用房平均售价，计算农民工市民化后的住房成本：$C = M \times V$，其中，C 为购房成本，M 为人均住房面积，V 为城镇经济适用房的销售价格，具体计算过程见表 10-11。

表 10-11　　　　　　　住房成本计算

指标＼年份	住宅类商品房销售额（亿元）	住宅类商品房销售面积（万平方米）	住宅类商品房销售价格（元/平方米）	经济适用房销售单价（元/平方米）	农村住户每户常住人口（人）	农民工及家属人均居住面积（平方米）	人均住房成本（元）
2010	4412065	9337660	4725	3780.00	4.00	15.00	5670000
2011	4819832	9652841	4993	3994.40	4.00	15.00	5991600
2012	5346718	9846751	5430	4344.00	3.90	15.38	6681072
2013	6769494	11572269	5850	4680.00	3.95	15.19	7108920
2014	6241095	10518779	5933	4746.40	3.95	15.19	7209782

由表 10-11 可知，农民工市民化后自购住房成本为：$C_{住房}$ = 65322.75 元。

（三）自我保障成本

1. 养老保险个人支出成本

农民工转变成市民后应该承担部分自己的养老保险支出。个人按照平均工资的 8% 缴纳养老保险，假设 2014 年全国城镇职工平均工资为 M = 4780.08 元，则 2014 年的农民工自己每月缴纳的金额为 I = 4780.08 × 0.08 = 382.4 元，一年则有 4638.72 元进入个人账户。养老保险个人支出成本 $C_{个养}$ = 4832 × 8% × 12 = 4638.72 元/人/年。

2. 医疗保险个人支出成本

农民工市民化后参加的就是城镇居民医疗保险，2016 年全国缴费统一为一个标准达到人均 220 元。农民工之前参加"新农合"，全国平均个人缴费标准达到每人每年 120 元左右。所以农民工转变成市民后需每年增加 100 元支出作为享受城镇居民医疗保险的代价。个人医疗成本支出 $C_{个医}$ = 100 元/人/年。

（四）机会成本

传统的农业生产能够获得的收入是农民工市民化后农民工群体最大的机会成本。用农村家庭人均纯收入替代计算农民工放弃农村土地的机会成本。

表 10-12　　　　　农村家庭人均纯收入情况　　　　　单位：元

指标＼年份	2010	2011	2012	2013	2014
年人均纯收入	5919.00	6977.30	7916.60	8895.90	9892.00

由表 10-12 可知，假设 I_n 为各年份人均纯收入，则年人均纯收入 = $\frac{1}{5}\sum I_n$ = 7920.16 元。则全国农民工市民化的机会成本为：$C_{机会}$ = 7920.16 元。

三　市民化总成本

农民工市民化总成本 = 公共成本 + 个人成本 = 170547.45 元，具体计算过程见表 10-13。

表 10-13　　　　农民工市民化总成本计算　　　　单位：元

公共成本	城市基础设施建设成本	41450.76
	城市基本公共服务管理成本	3436.59
	社会保障成本	27706.97
	保障性住房成本	3136.26
	随迁子女教育成本	6685.72
合计		82416.30
个人成本	生活成本	10149.52
	住房成本	65322.75
	自我保障成本	4738.72
	机会成本	7920.16
合计		88131.15
总成本		170547.45

由表 10-13 可知，农民工市民化的总成本（个人成本和公共成本）为 170547.45 元。每成功实现一位农民工市民化，应由政府和企业承担的社会成本为 82416.30 元。其中，包含城市基础设施建设成本 41450.76 元、城市基本公共服务管理成本 3436.59 元、社会保障成本 27706.97 元、保障性住房成本 3136.26 元和随迁子女教育成本 6685.72 元。由农民工个人承担的经济成本为 88131.15 元，包含每年个人生活成本 10149.52 元、住房成本 65322.75 元、自我保障成本 4738.72 元和机会成本 7920.16 元。

第三节　农民工市民化成本分担

农民工市民化成本测算中同时包含长期成本和短期成本。短期成本指农民工市民化进程中政府、企业及个人在短时间内需要支付的成本总额，短期成本中，基础设施建设和住房成本占比最大，所占总成本比例达到 62.60%。长期成本是指在农民工市民化进程中，以及农民工转化为城市居民后需要连续不间断长时间支付的成本。在长期成本中，社会保障占主要部分，占总成本的比例达到 16.28%。

新型城镇化建设必须将以人为本视为核心和关键。农民工市民化主要涉及的主体包括各级政府、企业、个人三个层次，因此，这三个主体需要合理分担农民工市民化的成本。单独依靠各级政府是无法分担得起的，仅仅依靠农民工自身更是不太可能，因此要想真正实现农民工市民化，推进新型城镇化建设积极有效进行，就需要对政府、企业和个人三者在新型城镇化建设中的职责进行科学、合理的划分，尤其是在农民工市民化进程中分担的职责，必须建立科学的农民工市民化成本分担思路和方式，各尽其职，一起承担。同时，在市民化过程中，会出现部分城镇居民以及社会福利机构等出于公益的角度帮助农民工分担小部分的市民化成本。

根据农民工市民化成本的构成，构建农民工市民化成本分担机制，如图 10-2 所示。

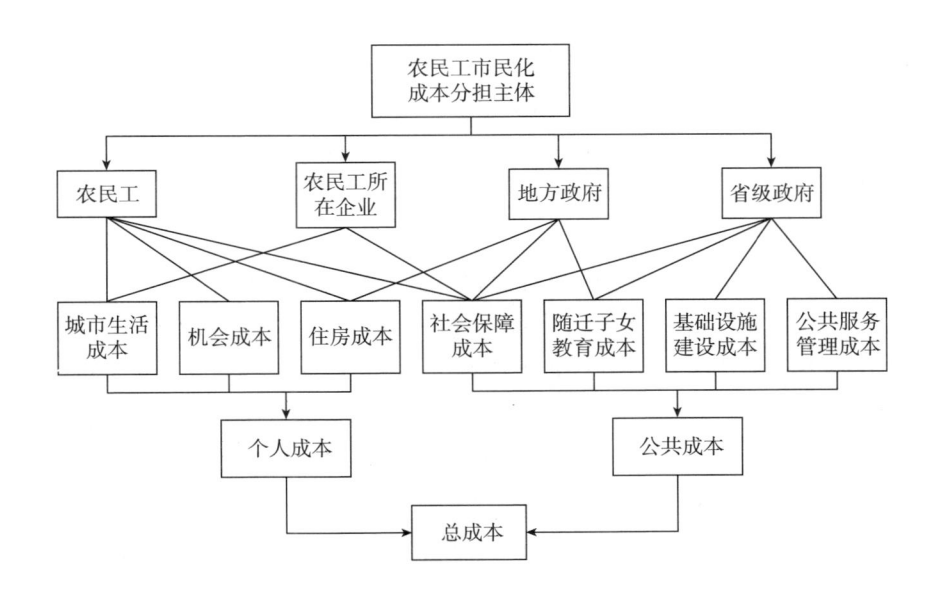

图 10-2　农民工市民化成本分担主体

一 省级政府对农民工市民化成本的分担

在农民工市民化的社会成本中，公共成本应主要由政府进行分担。基础设施建设、农民工子女教育和社会保障的成本问题，政府一方面可以通过相关制度的制定和执行降低公共成本，另一方面可以通过财政的转移支付和引导民间资金、公益基金参与到公共成本的分担中。

第一，在基本公共服务事权的基础上，加快制定基本服务的共同标准，对承担公共服务成本支出的责任进行合理有效的划分。省级政府主要承担的是外部性较强、支出压力较大的部分。

第二，尽快完善农民工市民化的配套政策体系。为促进农民工市民化，可以出台多项政策鼓励农民工落户城镇。可以推行外来人员积分落户方法，通过积分的方式为优秀农民工落户提供渠道，同时出台积分落户人员购买经济适用房、承租廉租房、子女教育等一系列政策措施。

第三，为农民工市民化建立专门的基金，政府需要不断增加对农民工流入地的扶持，坚持完善财政转移支付制度。政府可以在随迁子女义务教育、农民工技能培训、农民工社会保障、农民工公共卫生服务等方面给予一定的资金补贴，可以奖励农民工市民化成绩突出的市、县、区，鼓励支持各市、县、区为跨地区迁移的农民工提供均等化的公共服务。

二 农民工流入地地方政府对农民工市民化成本的分担

在农民工市民化过程中，农民工流入地地方政府极大地享受到人口红利所带来的好处，这其中包含了农民工流入地地区经济发展水平迅速提升、人口结构的调整等，承担起解决历史积累带来的公共产品和服务的供给不足问题的责任，农民工流入地地方政府应当义不容辞。相较于省级政府而言，农民工流入地地方政府应该承担起农民工市民化成本的主要部分，这主要是由于流入地地方政府的基本职责就包括向居民提供公共产品和服务，农民工进城务工后为流入地地方城镇建设以及经济社会前进发展贡献了自己的力量，却不能同城镇居民一样享受政府所提供的公共产品和服务，这是不公平、不合理的。因此，农民工流入地地方政府应当分担起农民工市民化成本的重头部分，以此来推动农民工市民化的进程，促进城镇的发展和繁荣。具体如下：

第一，为农民工市民化制定具体的推进方案和实施准则。

第二，分担相应的城镇基础设施建设与维护成本。随着城镇人口的不断增加，农民工流入地政府要不断扩建公共服务设施以及城市基础设施，分担相应的建设和维护成本，以期达到提高农民工流入地的人口吸纳能力和城市承载力。

第三，分担相应的基本公共服务管理的成本，包括一般公共服务、公共安全、科学技术、文化体育与传媒、节能环保、城乡社区事务和交通运输等方面的投入，保证为市民化后的农民工群体提供合理公平的基本公共服务。

第四，农民工流入地地方政府分担的成本中，占较大比例的是城镇基础设施建设、基本公共服务管理和社会保障等公共成本，而这就需要大量资金，要对制度进行改革创新，流入地政府就需要建立多元化可持续的资金保障体系。

第五，当前农民工城市融入个人成本中占比例最高的部分是住房成本，房价的居高不下已成为农民工城市融入意愿的重要制约因素。农民工流入地政府必须加快改革住房制度，进一步扩大城市经济适用房以及城市廉租房的政策覆盖范围。

三　农民工所在企业对农民工市民化成本的分担

在研究农民工市民化的总成本分担的同时应当考虑企业的发展需要。目前农民工市民化过程不能顺利地实现，不仅与滞后的政府制度改革以及公共服务提供的缺失等相关联，同时也与农民工所在企业的用工理念存在相当大的关系。很长一段时间内，农民工所在企业都认为农村剩余劳动力源源不断，因此，企业没有必要也逃避分担农民工群体的养老、医疗等各种社会保障成本。农民工所在企业更加注重经济利益的提高，他们任意提高农民工的工作量以及工作时间，肆意拖欠农民工的工资，农民工基本权利得不到保障，这实际上对企业的长期发展非常不利。企业竞争主要包含市场、技术、人才竞争等多个方面，假如一味地忽视人的培养发展而强调产品的低成本利益，企业就无法做到可持续发展。因此，对农民工市民化成本的分担是农民工所在企业自身可持续发展的需要，企业需要改变过去错误的用工理念，高度树立企业社会形象，推动企业在农民工市民化成本分担中承担应尽的责任，进一步推动城镇劳动力市场不断地向前发展，更有利于形成以及发展农民工所在企业的人力资源配置体系，从而提高企业的生产率，使企业的发展形成良性循环。

企业重点分担农民工市民化过程中的社会保障成本和城市生活成本。在成本分担方式中企业占一定的地位，企业可以为农民工的就业提供绝大多数的岗位。

第一，农民工应当同城镇居民一样享有同等的工资水平和福利待遇。企业需要建立科学合理的工资增长机制，按照规定时间支付农民工工资，不得肆意拖欠。

第二，严格执行国家相关法律规定，给农民工办理各项社会保险，及时足额替农民工缴纳相关社会保障的费用，逐步提高城镇职工社会保险参保人员中农民工的比例。

第三，积极改善农民工居住环境，企业需要积极参与建设公用住房，极力改善农民工宿舍或者给农民工群体发放额外住房补助，使农民工的居住条件得到不断地改善。

第四，给农民工提供职业技能培训机会，充分挖掘农民工的职业技能水平和就业能力，让农民工与城镇职工一样享有交流晋升的机会，激发农民工在工作中的动力，使农民工立足企业的长远发展为企业贡献自己的一份力。

第五，加强宣传安全生产理念，做好农民工劳动保护工作。企业需要不断改善农民工工作环境，强化农民工安全生产的动态监管机制，严格落实安全生产责任制，严格落实职工的劳动保护条件，加强职工职业病的防范以及治疗措施，保障企业的安全生产和农民工的人身安全。

第六，加强建设企业文化内涵，用多元的文化活动丰富农民工业余生活，提高农民工的综合素质，使农民工能够更快更好地融入城市生活。

四　农民工自身对农民工市民化成本的分担

尽管农民工的出现是制度改革滞后带来的结果，省级政府、农民工流入地地方政府、农民工所在企业都有分担农民工市民化成本的义务，但是农民工想要融入城市生活自身也需要分担一部分成本。这是因为农民工市民化过程中改善的是农民工自身的福利，农民工群体是市民化的主要受益者，自然其本身应当分担福利改善所带来的成本。因此，为了减轻市民化过程中省级政府、农民工流入地地方政府和农民工所在企业的分担压力，农民工也应当承担自己能力范围内的部分市民化成本。这其中应当包括积极承担城市生活成本、自购房成本、部分社会保障成本以及个人发展成本等。

第一，农民工需要承担市民化过程中的生活成本。农民工需要承担家庭及自身在城镇生活中的日常开支以及子女相应的教育费用，并且需要根据规定去缴纳养老、医疗等社会保险中个人应当分担的部分。

第二，农民工应当承担提高自身能力成本。问卷调查结果显示，农民工文化素质普遍不高，农民工自身应当积极参加职业技能方面的教育培训，努力提升农民工自身融入城市社会生活发展的能力，不断提高文化素质和职业素质。同时，主动参加政府、企业举办的多种活动，努力使自己的闲暇生活充实起来，积极参加流入地当地的社区管理活动，同城市原居民发展互信互助的社会关系，加快农民工自身全面融入城市的进程。

五　社会组织对农民工市民化成本的分担

从社会责任方面来看，城市社会群体有分担农民工市民化成本的义务。农民工进入城市工作生活，推进了城市经济、社会的快速发展，城市社会群体都享受到了城市快速发展带来的福利，这归根结底有农民工群体的贡献。从人道主义方面来看，农民工群体在城市生活艰辛，工作环境、居住环境恶劣，工作时间长，工资水平低，城市融入过程存在各种障碍，城市社会群体还应当给农民工市民化尽一份绵薄之力。

通常在城镇社会群体经济实力有限的情况下，他们基本很少从事社会公益事业。然而，随着个人致富水平持续提高、致富群体不断扩大、经济社会不断前进发展乃至社会文明程度大范围进步，城镇社会福利机构和城镇社会群体对社会公益的关注度会越来越高，自然他们也会很愿意承担农民工市民化过程中的一部分成本。

第四节 研究启示与不足

一 研究启示

新型城镇化核心是人的城镇化,关键是农民工市民化,资金问题是解决农民工市民化的根本问题。

(一) 以政府分担为主体

在农民工市民化的成本分担过程中,需要以政府为主导。农民工市民化过程中,农民工流入地政府应当分担城镇基础设施建设、基本公共服务、随迁子女教育、公共医疗卫生、公共就业服务、保障性住房的投资成本以及进城务工农民工的基本养老保险、基本医疗保险等社会保障的部分支出。配置公共资源、建立财政转移支付制度时应当与城镇常住人口规模相适应,基于农民工流入地财力和事权相匹配的考虑,省级政府需要加强对各市区县城镇化发展、农民工市民化工作的支持力度。协调各方力量,充分发挥政府投入资金的引导作用,构建协调并进的作用机制。

(二) 夯实农民工市民化的基础

农民工市民化的基础性工程包括三个方面:第一,进城务工农民工需要融入城镇企业;第二,农民工随迁子女融入城镇学校;第三,农民工的家庭融入城镇社区,这三点基础工程务必夯实。首先,从农民工个人层面来说,在适应农民工市民化的大趋势、大背景下,农民工所在企业应当且必须分担合理的农民工市民化成本;企业应当全面落实农民工劳动合同制度,启用用工备案制度,制定构建健全的工资决定和正常增长机制,并且不断进行完善,杜绝"拖欠农民工工资"现象;企业需要经常组织员工参加职业技能培训,强化培训意识,努力调动农民工参加培训的积极性。经过考核鉴定,督促农民工提高自身综合素质,让他们通过自己的努力获得相应的培训合格证书、职业能力、职业资格证书,以职业技能的提升带动农民工的就业。其次,从农民工子女层面来说,农民工随迁子女教育制度需要得到更大的完善。扩大农民工流入地城区幼儿园、中小学的建设规模,使进城务工的农民工随迁子女能够享有到与城镇居民相同的教育机会。按照财政预算内生均教育经费标准和幼儿园、中小学实际接收人数，农民工流入地政府应当足额且及时地拨付教育经费。最后，从家庭层面来说，为了让进城务工农民工家庭能更好地融入城镇社区、城镇社会，就需要构建以农民工所在城镇社区为依托的农民工综合服务管理平台，为农民工家庭更好地融入城镇社区提供各种咨询帮助。充分利用城镇社区的社会融合作用，让农民工更好地融入城市生活，和城市居民和谐相处，共同为城镇建设献计出力。

（三）完善农民工社会保障体系

完善进城务工农民工的社会保障制度必须要根据农民工的实际情况来进行。第一，建立覆盖农民工群体（包括已经市民化和还未市民化）的基本社会保障体系。将已经市民化的农民工群体纳入城镇职工基本养老保险体系；而那些"亦工亦农"的农民工，他们季节性或间歇性地在城镇打工，应当将他们纳入城乡居民社会养老保险制度。第二，进城务工农民工依法享有平等的基本医疗服务和计划生育服务的权利，这些权利需要得到保障。在农民工群体聚居地指定定点医疗机构，使农民工进城务工期间能够及时方便地得到医疗补助。基于体现公平、优先照顾的原则，全面落实农民工流入地属地化的管理责任，将进城务工农民工纳入流入地当地的基本公共卫生服务管理体系。卫生部门更需要做好农民工群体疾病防控、随迁适龄儿童预防免疫以及计划生育等各项工作。第三，将工伤保险全面覆盖到农民工群体整体。农民工工资水平低，积蓄少，一旦因工受伤或者患上职业病，自身很难承受治疗方面的经济压力，应当保障农民工群体获得与城镇职工同等的医疗救治和经济补助。

（四）多渠道改善农民工居住条件

为满足进城务工农民工不同层次的住房需求，需要加快构建多形式、多层次的农民工住房供应体系，这是基于进城务工农民工的工作性质、收入水平以及国情来考虑的。第一，建立适用于农民工的保障性住房体系。保障性住房主要由三部分组成，分别是公租房、廉租房和限价房，以解决不同层次的进城务工农民工的住房需求。按照国家规定，对于保障性住房的建设和运营免除一定的行政事业性收费和政府性基金。第二，提供标准化的农民工宿舍。鼓励农民工所在企业为农民工提供能够满足基本居住需求、符合安全卫生标准的居住环境。农民工集中的产业园区需要遵守集约用地的原则，统一规划、集中建设包括住宅类或宿舍类的公共租赁住房，鼓励开发区在统一规划的前提下划分出生活设施用地，由企业自建面向农民工的公共租贷住房。第三，规范城市房屋租赁市场。农民工集中地的生活环境需要得到改善，发展能够为农民工提供便利交通、齐全生活功能、价格便宜的普通住房房屋租赁市场。同时，可以采取补贴业主的方式，将一些居民个人出租的房屋转化为廉租房。

二 研究不足

基于全国层面，主要测算农民工异地市民化成本。由于不同地区之间，农民工市民化成本差异较大，未能进行有效比较。另外，农民工市民化成本构成复杂，所考虑成本构成要件有待细化。

农民工市民化成本测算的只是可以看到的能够被计算的有形成本，农民工市民化不仅是户籍身份的改变，更是生活习惯、思想行为的改变过程。在融入城市的过程中，会产生一些非经济因素成本。这些非经济因素成本也会影响农民工市民化的决策，构成市民化的成本。

第十一章 农村居民就地市民化研究

随着我国社会主义新农村建设的进一步推进，大量的农民离开土地，而由于城市空间发展的制约因素，无法容纳、吸收骤增的大量劳动力，使大量离开土地的劳动力游离于城市与乡村之间，造成大量的社会问题：交通运输趋紧、城市社会服务负担沉重、农业领域出现某些资源浪费等，这些通常被称为迁移的负面效应，实际上就是农村劳动力转移的社会成本，如何解决这部分人的就业，已成为政府和社会共同关心的问题。

为了更好地解决上述问题，2014年3月，国务院总理李克强在十二届全国人大二次会议上作政府工作报告时指出，要推进以人为核心的新型城镇化。今后一个时期，着重解决好现有"三个一亿人"问题，其中包括"引导约1亿人在中西部地区就近城镇化"，这实际上就是着力推进农民的就地迁移。

第一节 农村居民就地市民化意愿研究

国内学者基于农村劳动力转移理论，结合中国国情，对我国农村劳动力迁移及影响因素等方面进行了大量卓有成效的研究。如赵耀辉（1997）研究了农村劳动力受教育程度如何影响其迁移决策；杨云彦（1999）提出经济因素对劳动力的流动有着重要影响；辜胜祖、刘传江（2000）针对"小城镇，大战略"的指导方针，分析了影响农村城镇化道路的制度因素；蒋乃华等（2002）通过研究发现，个体的人口特征变量对农民的城镇定居意愿有显著影响；吴秀敏等（2005）、吴兴陆（2005）通过实地考察发现，农民通常是在综合考虑多个因素后做出迁移决策；潘爱民等（2010）基于"长株潭"城市群农户的问卷调查，研究农户居住空间问题对迁居意愿的影响等。目前，关于农村居民迁移意愿的研究基本集中于异地迁移，表现为西部地区向沿海地区、经济欠发达地区向经济发达地区迁移；关于农村居民就地市民化意愿影响因素的作用机制侧重于理论研究、缺少定量研究。

一 研究对象

本书通过深入安徽省蚌埠市淮上区曹老集镇开展调查研究，考察村民就地市民化意愿。曹老集镇总面积97.32平方千米，至2013年年底，全镇总户数13092户，镇域总人口4.93万人，镇区居住人口1.63万人，辖12个村，3个居委会。北接固镇，南邻淮河，东接五河，西壤怀远。曹老集镇是蚌埠中心城区空间拓展的重点区域，同时也是中心城区辐射固镇、五河、怀远三县，实现区域一体化、城市网络化发展的重要节点区，101省道穿镇而过，距蚌宁高速入口仅1千米，镇域拥有三汊河湿地、金山湖湿地，北淝河和隔子沟两大河流流经该镇。曹老集镇物产丰富，盛产大米、莲藕，养殖业、羊毛衫编织业逐渐形成规模。对于我国农村普通乡镇而言，曹老集镇具有一定程度的代表性，通过对曹老集镇这一地处皖北平原普通乡镇的研究，可以明晰农村居民就地市民化意愿及其影响因素，进而提出切实可行的政策，为推进我国农村新型城镇化提供经验借鉴。

二 变量选择

（一）样本分析

为客观了解曹老集镇居民就地市民化意愿，采用分组抽样调查方式，在曹老集镇发放调查表1500份，回收1457份，问卷的回收率为97.13%，剔除无效调查表，得到实际有效调查表1372份，占回收问卷的94.17%、发放总数的91.47%。具体调查问卷见附录4。

根据对调查数据的整理、分析，样本分布特征表现为以下几个方面：

按性别划分：调查对象中，男性1184人，比重高达86.3%。

按婚姻状况划分：已婚有配偶的人数占绝大部分，比重达到了94.1%；而未婚、离婚、丧偶的比重分别为1.4%、1.3%和3.2%。

按受教育程度划分：受教育程度为小学、初中的被调查者约占总数的84.2%；高中及以上的占8.1%，被调查者中文盲比例最低为7.7%。

按年龄划分：被调查者中30岁以下的青年人只占到总数的11.1%；41—50岁年龄段的比重最高，超过了四成，达到40.3%。

按家庭人均年收入划分：家庭人均年收入低于5000元的被调查对象的比重超过六成，达到了60.2%，10000元以上的比重仅有1/8，整体收入水平较低，收入分配严重不均。

按工作性质划分：务农和非务农的农村居民比重较为均衡，分别为52.8%和47.2%。

综上所述，调查对象总体上以已婚、男性居多；受教育程度普遍偏低，多数为小学和初中；整体上看，中老年人口比重大；人均年收入水平普遍较低；被调查者中务农与非务农比重相对均衡。

进一步，考虑调查对象的就地市民化意愿在不同人口特征下的分布情况：

男性被调查者中愿意就地市民化的占了男性总数的71.5%，女性被调查者相应的比例达到80.9%，女性的就地市民化意愿略高于男性。

未婚、已婚有配偶、离婚以及丧偶的被调查者中，明确表达就地市民化意愿人数的比重依次是89.5%、72.2%、94.4%和75.0%。

受教育程度是文盲、小学、初中、高中及以上的被调查者中愿意就地市民化的比重分别为：68.2%、74.1%、74.8%、58.0%。接受过高中及以上教育的被调查者的愿望最不强烈；相应的，受教育程度为小学或初中的被调查者有很强烈的就地市民化意愿。

年龄在16—25周岁、26—30周岁、31—40周岁、41—50周岁、51—60周岁、61周岁及以上的被调查者中愿意就地市民化的比重分别为：80.6%、83.7%、78.4%、71.0%、64.8%、74.5%。16—30周岁年龄段的农村居民就地市民化愿望最强烈；而60周岁及以上老年人就地市民化愿望也较强烈。

家庭人均年收入水平为5000元及以下、5001—10000元、10001—15000元、15001—20000元、20001—30000元、30001元及以上的被调查者中愿意进镇的比重依次是：68.6%、78.0%、81.7%、91.5%、83.3%、65.7%。家庭人均年收入少于20000元时，随着收入的提高，进镇居住的意愿呈现上升的趋势；但当家庭人均年收入高于 20000 元时，居民进镇生活的意愿有明显的下降趋势，尤其当家庭人均年收入高于 30000 元时，愿意进镇居住的比例达到了最低点 65.7%。

务农、非务农的被调查者中愿意进镇的比重分别是 68.4% 和 77.7%。

综上所述，通过描述统计分析，得出的结论是：就被调查者的就地市民化意愿而言，女性的意愿要强于男性；单身的被调查者的意愿较为强烈；高中及以上的被调查者意愿并不强烈；16—30 岁的青年被调查者的意愿最为强烈，他们中间有的是为了更好的工作环境，有的是为了下一代的生活、学习环境；非务农的被调查者更加愿意舍弃自己的宅基地或者田地换取城镇的住房；家庭人均年收入低于 20000 元时，收入越高，就地市民化意愿随之提升；家庭人均年收入高于 20000 元时，收入提升带来的是意愿的逐渐下降。

（二）变量选择

根据已有的关于人口迁移的研究，从社会学、人口学、经济学等角度来看：影响人口迁移意愿的因素涵盖很多方面，包括个人特征因素、经济因素、社会因素等。本章主要研究人口特征变量对农村居民就地市民化意愿的影响，选取的变量包括性别、年龄、婚姻状况、受教育程度、收入（家庭人均年收入）和工作性质（务农、非务农），如表 11-1 所示。

表 11-1　　　　　　　　　　变量选择

	指标	水平数	指标值的含义
因变量	就地市民化意愿	3	"0" 不愿意、"1" 中立、"2" 愿意
自变量	性别	2	"0" 男、"1" 女
	婚姻状况	4	"0" 未婚、"1" 已婚有配偶、"2" 离婚、"3" 丧偶
	受教育程度	4	"0" 文盲、"1" 小学、"2" 初中、"3" 高中及以上
	年龄	6	"0" 16—25 周岁、"1" 26—30 周岁、"2" 31—40 周岁、"3" 41—50 周岁、"4" 51—60 周岁、"5" 61 周岁及以上
	家庭人均年收入	6	"0" 5000 元及以下、"1" 5001—10000 元、"2" 10001—15000 元、"3" 15001—20000 元、"4" 20001—30000 元、"5" 30001 元及以上
	工作性质	2	"0" 务农、"1" 非务农

（三）分析方法

借助 SPSS 软件，首先通过简单描述性统计分析，详细分析样本特征；进而采用多维 Logistic 回归模型检验分析这些变量是如何且在多大程度上影响农村居民就地市民化意愿。

三　多维 Logistic 回归分析

以就地市民化意愿为因变量（为三分类变量："2"为愿意、"1"为中立、"0"为不愿意），进一步探究不同性别、受教育程度、年龄、婚姻状况、工作性质以及家庭人均年收入对农村居民就地市民化意愿的影响。采用多维 Logistic 回归模型（11.1）加以分析。

$$\text{Log}\left(\frac{p(\text{int}=i)}{p(\text{int}=j)}\right) = \alpha_0 + \alpha_1 sex + \alpha_2 edu + \alpha_3 age + \alpha_4 mar + \alpha_5 inc + \alpha_6 ind + \mu \quad (11.1)$$

其中，$p(\text{int}=i)$ 和 $p(\text{int}=j)$ 分别表示农村居民就地市民化意愿处于不同水平上的概率，$i=0$ 或 1，$j=2$。将变量的数据直接引入模型，模型拟合结果如表 11-2 所示。

表 11-2　　　　　　　　回归模型的拟合结果

Model	Model Fitting Criteria −2 Log Likelihood	Likelihood Ratio Tests Chi-Square	df	Sig.
intercept	6.551	0.000	0	—
sex	662.031	6.950	2	0.031**
mar	665.408	10.327	6	0.112
edu	695.355	40.274	6	0.000***
age	676.823	21.742	10	0.016**
ind	660.139	5.058	2	0.080**
inc	688.283	33.201	10	0.000***

注：**、*** 分别表示在 5%、1% 的水平下显著。

由表 11-2 可知，在 95% 的显著性水平下，除"婚姻状况"因素外，其他各因素对农民就地市民化意愿的影响都是显著的。

回归模型的估计结果如表 11-3 所示。

表 11-3　　　　　　　　　　回归模型的估计结果

	Model1（int=0）				Model2（int=1）			
	B	Wald	Sig.	Exp（B）	B	Wald	Sig.	Exp（B）
intercept	-0.223	0.105	0.746		-4.151	10.987	0.001***	
sex=0	0.611	5.005	0.025**	1.842	0.415	2.155	0.142	1.515
sex=1	0				0			
mar=0	-1.447	1.566	0.211	0.235	-1.020	0.738	0.390	0.361
mar=1	-0.246	0.286	0.593	0.782	-0.262	0.214	0.644	1.300
mar=2	-1.394	1.515	0.218	0.248	-20.042	0		0
mar=3	0				0			
edu=0	-0.490	1.803	0.179	0.612	0.482	0.952	0.329	1.620
edu=1	-1.214	19.947	0.000***	0.297	0.122	0.092	0.762	1.130
edu=2	-1.435	32.385	0.000***	0.238	-0.391	1.059	0.303	1.479
edu=3	0				0			
age=0	-0.982	0.827	0.363	0.375	0.613	1.079	0.299	1.846
age=1	0.009	0.000	0.984	1.009	-0.344	0.476	0.490	0.709
age=2	0.661	3.774	0.052*	1.937	-0.226	0.374	0.541	0.798
age=3	0.686	5.527	0.019**	1.986	0.306	1.011	0.315	1.357
age=4	0.650	4.547	0.033**	1.916	0.465	2.143	0.143	1.592
age=5	0				0			
inc=0	-1.135	7.298	0.007***	0.321	0.1.412	1.848	0.174	4.105
inc=1	-1.532	12.576	0.000***	0.216	0.971	0.867	0.352	2.642
inc=2	-1.831	8.681	0.003***	0.160	0.974	0.759	0.383	2.648
inc=3	-2.693	10.390	0.001***	0.068	-0.104	0.007	0.934	0.902
inc=4	-1.282	3.553	0.059*	0.277	0.008	0.000	0.996	1.008
inc=5	0				0			
ind=0	0.362	4.229	0.040**	1.436	0.214	1.421	0.233	1.238
ind=1	0				0			

注：*、**、***分别表示在 10%、5%、1% 的水平下显著。

由表 11-3 可知，通过对模型估计结果进行分析，可以得到：

（1）"性别"对农村居民就地市民化意愿的影响较为显著。"性别"的估计系数为正数（0.611），参数 Exp（B）值为 1.842，表明在 95% 的显著性水平下，男性不愿意就地市民化的概率发生比是女性的 1.842 倍，男性就地市民化意愿较女性显得没有那么强烈。这可能是因为：此次调查的家庭中，大部分男性常年在外务工，相对应的，相当一部分女性需要在家照看老人与小孩。相比于男性的早出晚归，女性在家的时间明显更多，因此就地市民化生活带来生活上的改善，对女性的吸引力更大。

（2）"婚姻状况"对农村居民就地市民化意愿的影响不明显。在 95% 的显著性水平下，该因素都不显著，即婚姻状况对农民就地市民化意愿没有明显的影响。究其原因，农村居民就地迁移意愿，相较于异地迁移，就地迁移对于家庭的"风险"显然更小，在其他条件不变的情况下，对农民意愿几乎不构成影响。

（3）"年龄"因素对农村居民就地市民化意愿有影响。在 95% 的显著性水平下，模型结果显示：年龄在 41—60 周岁的居民，就地市民化意愿较 61 周岁及以上农村居民要弱，而 16—40 周岁的青年人的就地市民化意愿较 61 周岁及以上农村居民没有显著性差异。这并不难理解：青年人劳动能力和劳动素质高，在迁移后容易收获稳定的工作和收入，新生活认同度高，但他们中的很多人，更愿意到城市中工作生活而不是镇上生活；41—60 周岁的中年人已经习惯现有的生活方式，生活方式的转变对于他们来说，情感上难以接受，且中年人"上有老，下有小"的情形导致他们的转变成本比较高；61 周岁及以上老年人进镇意愿较为强烈，随着年龄的增长，他们越来越难以负担繁重的农活，进镇生活，尤其是在子女的照顾下安享晚年，成为他们的希冀，并且进镇生活带来的养老、医疗保障方面的改善也充满着吸引力。

（4）"受教育程度"这一因素对农村居民的就地市民化意愿影响显著。当受教育程度为小学和初中（edu = 1 和 2）时，居民的进镇意愿较受教育程度为高中及以上居民要更为强烈。根据对曹老集镇的调查，被调查对象中接受过高中及以上教育的这些人，凭借他们较高的受教育程度和由此带来的相关优势，普遍在村中有较好的发展，对于这些人，离开农村极有可能意味着这种优势的丧失，这也就解释了为何接受过高中及以上教育的居民不愿意进镇生活。

（5）"家庭人均年收入"因素对居民就地市民化意愿的影响机制较为复杂。根据模型参数对比，家庭人均年收入低于 20000 元时，随着收入的上升，意愿不断提高；但当家庭人均年收入高于 20000 元时，居民就地市民化的意愿有明显的下降趋势，尤其当家庭人均年收入超过 30000 元（inc = 5）时，意愿最低。进镇意愿随着家庭人均年收入的提高呈现"先升后降"的特征。根据在曹老集镇的调研，当家庭人均年收入达到一定的高水平时，相较于在镇上买房居住，居民更倾向于生活在更加便捷的蚌埠市，甚至是周边的合肥市、南京市等大中城市，而放弃就近进镇居住。

（6）"工作性质"对农村居民就地市民化意愿的影响是显著的。ind = 0 项的估计系数为正数（0.362），参数 Exp（B）值为 1.436，表明务农的农村居民就地市民化意愿为不愿意的概率发生比是非务农农村居民的 1.436 倍，非务农的农村居民意愿显然更为强烈。造成这一结果的原因可能有两方面：一方面，土地是务农农村居民赖以生存的最重要的生产资料，土地对农民而言是耕作对象，更是生活保障；另一方面，务农农村居民以耕作为主要劳动方式和收入来源，相较于非务农农村居民，他们掌握的技术和资本极为有限，技术和资本的劣势阻碍了务农农村居民在城镇的顺利就业。

第二节 农村居民就地市民化成本测算

科学规划、合理引导、有序推动新型城镇化是解决当前我国农村发展问题的重要举措。然而，不可回避的一个问题是，在农村新型城镇化进程中，足够的资金支持必不可少，否则农村新型城镇化将成为无源之水，无本之木，困难重重，不可持续。因为，无论从新型城镇化的目标与任务还是新型城镇化推进思路来看，在其推进过程中必须解决好三个方面的问题，即人的问题、地的问题和钱的问题，而其中钱的问题又是核心，是妥善解决其他两个问题的基础和保证。

一 农村居民就地市民化成本构成

新型城镇化是"人"的城镇化,其核心内容是村民进入城镇,由村民变为市民。因此,在其推进过程中必须首先解决好承包地经营权的流转和村民进入城镇的对价问题。前者事关村民生产方式的转变,以及未来的生存保障问题;后者关系到村民的生活方式转变,以及未来的生活成本问题。基于此,村民进入城镇包含两方面内容:一是建立并完善农村土地承包经营权流转机制,在确保承包地土质不变差的基础上,流转方有稳定的收入来源。这样,一方面将农民从传统耕作的农业生产方式中解放出来,并逐步摆脱对承包地经营权流转的担忧;另一方面通过获取承包地经营权流转的收益,削减其对未来生活预期的不确定性,增强其进入城镇意愿。二是与村民生产、生活方式转变相适应,积极引导村民进入城镇。一方面,努力优化城镇资源、完善城镇基础设施、改善民生服务环境,以优质的资源、优美的环境吸引村民进入城镇居住;另一方面借助合理的对价工具,鼓励村民让渡宅基地使用权,进入城镇安家。通过土地流转与村民进入城镇的有机结合,使农村新型城镇化成为一个自然的过程。

所谓土地承包经营权的流转,是指土地使用权的流转,即拥有土地承包经营权的农户将土地经营权(使用权)转让给其他农户或经济组织,保留承包权,转让使用权,并获取相应收益的过程。经验与实地调研的结果均表明,只有真正实现土地承包经营权的流转,村民才有可能向城镇集聚,这是农村新型城镇化的前提。否则,必将形成"人在镇里,业在田里"的半城镇化现象,与农村新型城镇化的宗旨背道而驰。如何妥善处理农村土地承包经营权的流转问题,客观上更主要地依赖于相关制度的建立与完善,以及地方政府的积极推动。所需资金主要来自战略合作方,地方政府与村民并不需要提供大量的先期投入或引导资金。

然而,村民进入城镇这关键一步,则需要大量的资金扶持。村民到城镇定居生活并获得相应福利待遇和均等化公共服务,先期投入必不可少,即村民进入城镇需要有投入成本。从投资主体看,投入成本可分为公共成本、个人成本和企业成本三类。具体地,农村新型城镇化进程中村民就地市民化成本构成，见图11-1。

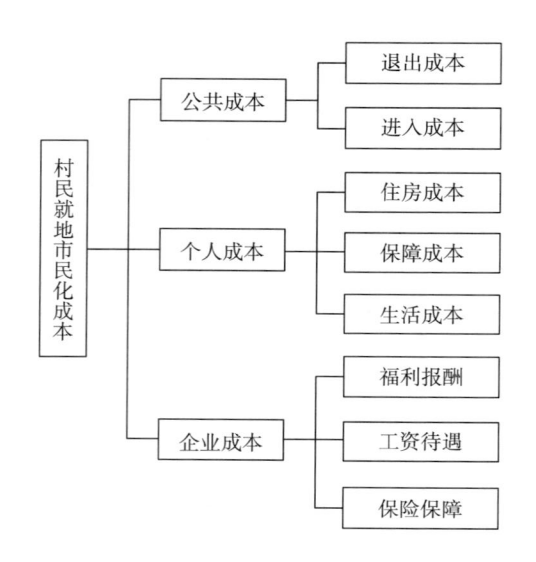

图11-1　村民就地市民化成本构成

由图11-1可知，公共成本、个人成本和企业成本构成了村民就地市民化成本。公共成本是政府为进入城镇村民提供各项公共服务、社会保障和新（扩）建基础设施等而需增加的财政支出，其又可分为退出成本和进入成本。所谓退出成本是指，村民放弃宅基地使用权、拆迁房屋所应给予的价值补偿；所谓进入成本是指，村民进入城镇居住应给予的住房补贴，以及相应增加的教育、医疗、卫生、公共服务、基础设施的建设与维护成本等。个人成本则主要包括在城镇生存发展的生活成本增加、住房成本支出和自我保障成本的支出。企业成本是指企业必须为所聘员工提供必要的劳动条件、劳动保护、福利报酬，并依法为劳动者缴纳社会保险。按照《劳动法》规定，企业用工必须为所聘用人员提供必要的保障，因此在进行村民就地市民化成本测算时，主要考虑公共成本和个人成本这两项最直接的成本。

二　农村居民就地市民化成本测算

根据曹老集镇的调研，以及相关的城镇化成本测算文献资料，对农村新型城镇化成本进行测算。由于城乡社会保障差异不大，加之进入城镇的村民更愿意享受现有的社保体系，因此暂不测算自我保障成本。

（一）公共成本

1. 退出成本

房屋补偿。2013 年，调查样本户拆旧房屋补偿总金额为 17374476.49 元，户均补偿 70916.23 元。据此，测算房屋拆迁人均补偿金额为 18860.70 元。

地面附着物补偿。地面附着物合计补偿金额为 832053.55 元，户均补偿金额为 3396.14 元，人均补偿金额为 903.23 元。

其他补偿。在调查样本户的拆迁安置中，涉及"搬家过渡费" 224366.8 元，户均 3802.83 元，人均 1011.39 元。此外，村民退出宅基地选择货币补偿而放弃安置的奖励费用共计人民币 1680351.00 元，户均 28480.53 元，人均 7574.61 元。上述两项合计补偿 1904717.80 元，户均补偿 32283.35 元，人均补偿 8586.00 元。

2. 进入成本

城镇建设维护成本。城镇建设维护成本，主要为接纳村民进入城镇在给排水、电力、燃气、道路、交通、环卫等各类市政基础设施和公用设施的建设维护方面所必须增加的资金投入。考虑边际成本递减规律，人均城镇建设维护成本为 603 元/人年（潘家华等，2013）。

公共服务管理成本。公共服务管理成本是指为接纳村民进入城镇，城镇在提供各项公共服务和进行城镇日常管理方面所需增加的资金投入，主要包括一般公共服务、教育、文化、体育、医疗、卫生、社会保障等。由于社会保障目前城乡差异不大，加之村民更愿意继续享受农村的社保体系，因此就地就近城镇化村民社会保障成本的增加可不用考虑。村民子女进入城镇就读，政府的义务教育经费支出并没有相应地增加，但需要对已有的城镇学校进行升级改造，兴建教室、扩充设备等均需要相应的经费投入。此外，大量村民进入城镇居住，城镇的公共服务与管理成本需要相应地增加，但同时农村的公共服务与管理成本也会随之减少。因此，从整个支出的角度看，村民进入城镇公共服务管理成本主要表现为城镇和乡村之间在上述公共服务和管理领域的支出差额，而非单方面的成本增加。村民进入城镇公共服务管理成本，如表 11-4 所示。

表 11-4　　　　村民就地市民化人均公共服务管理成本[①]　　　单位：元/人

项目	城镇	农村	镇村差额
一般公共服务支出	849	565	284
文化体育支出	110	75	35
医疗卫生支出	558	373	185
人均公共服务管理成本		504	
人均学校建设成本		4782	

注：医疗卫生支出包括各级政府用于城乡医疗卫生服务、医疗卫生管理、医疗保障补助、人口与计划生育、医疗救助等各项社会事业和公共服务的经费支出。

保障性住房成本。进入城镇村民的保障性住房成本，主要指政府为把进入城镇村民纳入城镇住房保障体系，所必须增加的资金投入。主要包括保障性房源的建设、为廉租房的农户提供的补贴，以及对进入城镇居住的村民所给予的购房补贴。具体测算结果，如表11-5所示。

表 11-5　　　　村民就地市民化住房保障成本　　　　单位：元/人

项目	金额
保障房建设成本[②]	7892
廉租房补贴成本	1620
人均住房保障总成本	9512
人均购房补贴成本	2240

（二）个人成本

1. 生活成本

村民进入城镇的生活成本增加主要是指村民自身及其家庭在城镇生活消费支出的增加（包括衣、食、住、行、文教娱乐等），由于住房单独核算，此处扣除住房支出。根据目前江苏省苏北当地城镇居民与农村居民生活开支的差异，进入城镇村民每月生活成本增加约100

[①] 潘家华、魏后凯：《中国城市发展报告》第6册，社会科学文献出版社2013年版，第130、134页。

[②] 同上书，第135页。

元，则年均生活成本增加 1200 元/人年。但随着城镇基础设施的完善、公共服务水平的提升，其生活成本也会相应地有所增加。

2. 住房成本

住房成本是村民进入城镇居住所承担的最大一笔成本，由于政府在房屋拆迁中已根据村民房屋的价值进行补偿，此处根据目前商品房的市场价低价位 2800 元/平方米、人均住房面积 40 平方米进行测算，村民进入城镇住房成本为 112000 元。

(三) 综合成本

根据所测算的村民进入城镇公共成本和个人成本，得到村民进入城镇的综合成本，见表 11 - 6。

表 11 - 6　　　　　　　　村民进入城镇综合成本

	项目		金额
公共成本	退出成本	房屋补偿（元/人）	18860.70
		地面附着物（元/人）	903.23
		其他（元/人）	8586.00
		合计（元/人）	28349.93
	进入成本	城镇建设维护成本（元/人年）	603.00
		公共服务管理成本（元/人年）	504.00
		学校建设成本（元/人）	4782.00
		住房保障成本（元/人）	9512.00
		购房补贴成本（元/人）	2240.00
个人成本	生活成本增加（元/人年）		1200.00
	住房成本（元/人）	按市场价人均 40 平方米支付	112000.00
		扣除政府补偿后实际支付	81410.00

第三节　农村就地市民化中地方政府决策行为

当前我国农村地区推进新型城镇化遇到了诸多挑战，突出表现在有些地方政府没有摆脱对传统城镇化发展路径的依赖，借"新型城镇化"

之名、行"传统城镇化"之实,急于求成、大拆大建、盲目扩张,深陷传统城镇化的"造城运动"之中。解析农村新型城镇化进程中所遇到的困境,厘清地方政府在农村新型城镇化中的角色定位,充分发挥地方政府的引领作用,是一个迫切需要解决的认识和实践问题。

一 农村新型城镇化的困境与乱象

新型城镇化基本特征是"城乡统筹、城乡一体、产城互动、节约集约、生态宜居、和谐发展"。然而,在广大农村地区推进新型城镇化,一方面遇到难以突破的"瓶颈",另一方面有些地区在传统城镇化思维桎梏下,新型城镇化推进乱象丛生。

(一)农村城镇化之困境

(1)"空心村"问题日益突出。越来越多的村民经过多年的打拼,已在城镇置有自己的家业,成为事实上的"城里人",留下的农村住房虽然凋零破败,由于产权不明晰,地方政府无权也无力对其加以处置,使农村"空心化"问题日益突出。散落的村落,也不利于土地节约集约利用。

(2)大规模土地流转难以实现。受制于农地细碎化、现代农业人才匮乏,以及农民工"候鸟式"迁移方式的制约,大规模的土地流转难以实现,使地方政府在农业规模化、现代化等方面难有作为。

(3)"半城镇化"现象依然严重。对于长期外出务工的农民工,由于缺乏核心就业技能、个人发展没有稳定预期以及"故土"情结,同时基于对农业补贴及未来土地潜在收益的考虑,即使具备条件也不愿选择城镇户籍。

(4)新型城镇化遭遇融资难。1994年财税制度改革之后,在我国事实上形成了一种"财权上移,事权下压"的局面。因此,面对农村地区推进新型城镇化的历史发展机遇,许多地方政府"囊中羞涩""心有余而力不足"。

(二)农村新型城镇化之乱象

(1)有"城"无"市"。拉美地区失败的城镇化告诫我们:没有产业支撑的城镇化一定不是真正的城镇化。但在我国农村部分地区的城镇化,依然是有"城"无"市"的城镇化,只见"城"不见"人",

没有产业支撑、进入城镇村民无法实现就地城镇化,无论是外出务工人员还是进入城镇居住的村民,没有实现就业身份的根本转换。

(2)盲目扩张。大马路、大场馆、大绿地等竞相攀比建设,但并不能真正地发挥其效益,造成极大的资源浪费。比如一个总人口不足4万的小镇,在没有任何优势资源与产业支撑下,按一个10万人口以上小城市的标准进行打造,等等。

(3)盲目引进。为了既得利益与眼前利益,有些地方在产业引进、园区建设等方面没有结合本地特点,进行科学论证,引进一些淘汰落后的产业,未能对地方经济发展产生效益,而一些高污染、高能耗产业又造成了对地方资源与环境毁灭性的破坏。

(4)质量堪忧。城镇基础设施、房屋等建设质量令人担忧,"一年建二年拆,三年、四年重新来",已成为普遍现象,造成极大的人力、财力与物力的浪费,不仅效率与效益极其低下,也损害了地方政府在群众中的形象(吴江等,2009)。

(5)环境恶化。有些地方城镇垃圾遍地、污水横流;垃圾包围着村庄、"白色污染"侵蚀着大地;工业生产产生的氮氧化物、废水污染地下水,造成地方的水质型缺水,由于盲目开发而导致的生态破坏和环境污染事件层出不穷(秦震,2013)。"城市病"与"农村病"并存,以致广大群众包括城镇居民对农村城镇化的初衷产生怀疑与否定。

二 现实中地方政府行为的失范

部分地区农村新型城镇化进程中,乱象丛生的局面与地方政府的行为失范密切相关。地方政府的"缺位"运行、"越位"管理、"错位"操作,都会使农村新型城镇化偏离正确的方向,陷入困境。

(一)政府行为的"缺位"

所谓的"缺位",就是有的地方政府无视规划、无序开发,加之管理与服务的缺失,致使"城市病"与"农村病"同时滋生。"制定科学合理、切实有效的规划一直是我国党和政府推进各项事业的重要经验和有力手段"(杭琍等,2013),但在推进农村新型城镇化进程中,有的地方政府缺少一套完整科学、切实可行的城镇化规划,对地方特色与区位优势没有正确的认识,缺乏长远科学考虑,提出过大的发展目标和城镇规划框架，盲目规划、"摊大饼式"扩张。同时，缺乏对城镇建设与发展的系统管理，基础设施不到位、城市管理效率低下。缺少"为民服务"的思想，没有考虑人作为城镇化的主体，实现人的现代化问题，走的是一条不完全、不彻底的城镇化道路。随着城镇规模扩大、人口集中，但医疗、教育、卫生、文化体育、市政设施等基本的公共服务并没有相应地提升，不能满足城镇居民的现实需求，结果导致的是城镇化的甜头尚未尝到，"城市病"却接踵而至（林涵碧，2006）。

（二）政府行为的"越位"

所谓的"越位"，就是有的地方政府无视农民在农村城镇化进程中的作用，将自身膨胀为地方上的"老大"，强行征地、"赶"村民上楼、掀起"造城运动"、与民争利等。在征地、拆迁过程中，违背村民意愿，强征强拆、暴力执法，导致与村民的暴力冲突、人伤人亡等恶性事件时有发生；在征地拆迁有限的补偿中，往往与民争利。在企业的运行过程中，有些地方政府存在过度干预市场和企业决策的行为，造成地方经济竞争力不强等。

（三）政府行为的"错位"

所谓的"错位"，就是有的地方政府把农村的新型城镇化片面地理解为就是房地产化，追求的依然是"物的城镇化"，将土地财政作为地方的主要收入来源，将房地产业作为拉动地方经济发展的支柱产业。通过"土地收购、土地储备、土地出让"三个环节，形成政府土地一级市场的地方垄断；通过高房价，推高土地的出让价格，从而获得更多的土地财政收入。通过土地财政收入大搞形象工程建设，提升地方政府的"政绩"。当前，部分开发商也将这类城镇房地产开发视为重要的发展机遇。"政绩工程"的使然使地方政府把主要精力都放在土地的开发上，忽视相关经济产业的发展，更是置农业生产、精神文明建设等重要职能于不顾。

有的地方政府在发展经济过程中，对自身的优势了解不足，无视客观实际、盲目跟风，导致区域产业结构失衡、产业整体素质不高，难以适应市场经济发展的需要，其结果不仅浪费了本地的特色资源，而且没有达到预想的经济效果，阻碍着农村城镇化的建设和发展。

三 地方政府行为的优化

在农村地区推进新型城镇化过程中,有些地方政府具体行动中所表现出的或盲动冒进,或畏难观望,与当前"顶层设计与摸着石头过河"的要求,显然是不相一致的。推进"以人为本"的新型城镇化,地方政府应科学规划、尊重民意、统筹安排、顺势而为,由此水到渠成,使其成为一个自然的历史过程。

(一) 科学规划

新型城镇化规划涉及很多方面,比如人口发展、产业发展、城镇建设、资源开发利用等。地方政府在国家新型城镇化规划(2014—2020年)指导下,制定针对本地区新型城镇化具体发展规划与实施细则时,应充分考虑地方特色、资源优势,尊重广大农民的真实意愿和地方差异,在进行科学论证的基础上,广泛吸收当地居民对规划的意见与看法,让广大人民群众参与到农村城镇化发展的规划中来,从而制定出科学的城镇化发展战略与步骤,以城镇为主体,突出地方产业发展、空间布局、文化内蕴、建筑风格等方面的优势。在基础设施规划与建设中,具有前瞻性,既要满足当代发展的需要,又要为城镇的进一步发展留有足够的空间。有了科学的规划,还必须依法加大对规划执行力度的监管,使规划在执行过程中不走形、不变样。规划不是地方政府领导个人意志的体现,而是集体智慧的集中展示,不因个别领导的更替而遭变更或否定。当然,在实际执行中,我们需要本着科学的态度,通过合法的程序,对前期规划确实存在的不当之处,进行修改与完善。总之,要确保所制定的规划具有较强的前瞻性、务实性、权威性和科学性(徐君等,2014),以引导新型城镇化的顺利推进。

(二) 尊重民意

在土地征用、房屋拆迁、村民安置等环节上,要充分听取群众的呼声,充分发动广大村民积极参与,在每个环节中,始终秉持着"公开、公平、公正"的原则。曹老集镇农村新型城镇化调查表明,农村中有5%左右的农户在本地中小城市、集镇或外出的务工地自购有商品房,85%的农户有到城镇居住的意愿;在愿意到城镇居住的村民中,有80%的农户最希望政府能够提供保障性住房,15%的农户最希望政府能够通过职业培训提高职业技能、增加就业机会、提高收入水平。显然，大部分村民向往城市生活，有进入城镇居住的愿望，但并不排除还有少部分村民由于舍不得离开老宅子、担心失去赖以生存的耕地、不能适应城镇生活方式等，而不愿意进入城镇生活。城镇化推进过程中，必须取得村民的理解，对于确实不愿意进入城镇居住的村民，进行系统考虑、合理安排；同时，通过有效措施吸引高素质的人才参与农业现代化建设，正确处理好城镇发展与"新农村建设"两者之间的关系，用城镇化理念统领新农村建设，用工业化的思路促进现代农业开发（曹钢等，2011）。在户籍制度安排上，也有部分进入城镇村民基于各种因素考虑不愿意纳入城镇社会保障体系，可实行"双轨制"灵活的户籍管理体制。

（三）统筹安排

在农村推进新型城镇化进程中，主要涉及人、地、钱三个方面的问题，要做到周密谋划、统筹安排，通过"三权分治"的治理模式妥善地解决"人"和"地"的问题。具体来说，就是将村民的承包地经营权、宅基地使用权、房屋财产权三权分离，通过"政府引导、市场驱动、村民参与"的方式分别加以治理。①对于承包地。按照"土地确权、价值显化、市场运作、利益共享"方针，依据土地有偿使用原则，借鉴重庆地票式交易、成都土地流转、佛山股权分红、天津宅基地换房等不同地方的土地改革经验，积极创新、大胆探索，既能使农民脱离承包地的束缚，又能保护好农民的"命根子"。②对于宅基地。通过对土地进行权属调整与确权，在农户进入城镇社区的过程中，地方政府可通过"补偿"的方式一次性收储，也可通过农村集体建设用地交易市场，以农户为主体进行流转，流转收益应全部或绝大部分归农户所有（李圣军，2013）。③对于房屋以及附着物：农户拥有其自身房屋等财产的绝对所有权，通过房屋及其附着物的价值评价，结合宅基地使用权的处置，创新农户城镇住房置换的工作思路。④对于城镇建设用地。充分挖掘内部潜力，通过旧城、旧镇改造，提高既有城镇建设用地的利用率，积极盘活城镇现有的土地存量，有序推进未利用土地的开发，创新土地利用模式。⑤对于"钱"的问题。在农村地区推进城镇化，不仅需要依靠农民的自主性资金的支持，更需要地方政府资金的大量投入。据测算，农村地区推进城镇化的政府人均投入成本仅为大中城市的 1/3 左右，作为农村地区的地方政府，除充分利用中央与省级政府新型城镇化扶持资金外，应积极探索城镇化推进的多种融资模式，调动一切经济与社会资源积极参与农村城镇化。

（四）顺势而为

基于科学的规划，着力打造富有地方特色、与产业发展相融合的新型城镇，避免"千城一面、万镇一孔"的尴尬局面。在产业发展方面，可结合地方特点，大力拓展农副产品深、特加工以及特色产品生产、商贸流通服务、旅游与养老服务，激发和增强城镇的发展活力。在完善产业与基础设施建设的同时，更加重视教育、医疗卫生、居民服务等涉及民生领域的建设与发展（谢振东，2013）。充分尊重和维护农民以土地为核心的财产权益，既要能使进入城镇居住的农民当前生活水平有所提高，又能保障其长远生计；尊重城镇化的客观规律，量力而行、尽力而为，避免一切不切实际的一哄而上、大拆大建（李华燊等，2013）。充分尊重农民进入城镇的意愿，以优美的环境吸引人、以优质的资源（包括教育、医疗、养老等资源）感召人，使城镇化发展顺应民意、因势利导、水到渠成。

第四节　研究启示与不足

一　研究启示

在农村居民就地市民化相关工作推进过程中，应综合考量农村居民就地市民化意愿的差异、地方及村民负担能力，优化地方政府的决策行为，不断提升农村居民就地市民化质量。

（1）结合地方优势，促进本地经济更好发展。以土地有偿流转为依托，积极推进农业机械化，逐步实现土地的集约经营，调整农业产业结构，提高农业生产效率，以增加农民收入；在农村提供更多的非农就业机会，扩展农民增收渠道。通过地方特色、优势资源的充分整合与利用，更好地促进本地区经济的发展和竞争力的提升，由此，一方面吸引更多外出务工的年轻人回乡创业，实现人生价值，为家乡发展注入新的动力；另一方面打破农村新型城镇化、农村居民就地市民化的资金约束。

（2）提升农村居民文化素质与职业素养，一方面，应该大力发展基础教育，提高劳动力文化水平；另一方面，加大职业教育和职业技能培训力度，从实用技能技术的角度，建立起具有特长、创新能力的劳动力资源的比较优势。女性的就地市民化意愿更高，根据市场需求和本地的发展需要，开展具有市场导向性的就业培训和"订单式"的定向培训，增强培训的针对性、实用性和有效性。注重激发女性自觉学习、自我发展的内在动力，鼓励她们在实践中提高，在竞争中磨炼，以扩大职业选择范围，提高岗位适应能力，更好地成为新时代的"新市民"。

（3）积极创新融资模式，拓宽融资渠道，通过金融资源的集聚与流转优化配置农村生产要素与生活资料，提高金融支持农村新型城镇化的效率，在政府主导、村民参加、正规金融支持、民间金融投入的融资框架下，着力解决农村新型城镇化融资约束问题。

（4）在我国广大农村地区新型城镇化需要政府的推动，地方政府在战略规划的制定、特色产业的培植、基础设施的投资和社会保障的跟进等方面都发挥着不可替代的作用，但完全由政府主导的"传统城镇化"带来的种种诟病告诫我们：在我国农村地区推进新型城镇化，地方政府只有定位准确、权责分明、行为规范，通过政府引导、全面参与、市场化运作，才能有序推进农村地区的新型城镇化。对于地方政府而言，尤其要注意发挥市场在我国农村新型城镇化推进中的积极作用，通过市场实现各种资源的有效配置，吸引各类生产要素聚集，以工业化带动城镇化，实现农业现代化，不断提高农村城镇化的质量。

二 研究不足

（1）农村居民就地市民化意愿受多方面影响，除受个人、家庭等内在因素影响外，还会受到当地城镇发展、相关政策、其他村民意愿等外部因素的影响，如当地城镇有良好的教育资源，为使子女接受较好的教育，选择进入城镇居住愿意将会有所增强。以典型地区为调查对象，考察农村居民就地市民化意愿，其影响因素的考量并不全面。另外，随着时间的推移、环境的变化，村民就地市民化的意愿也会发生变化。一般而言，由于经济条件的限制、固有的乡土情结，农村居民就地市民化的意愿较异地市民化的意愿会更强烈，但未能从实证的角度加以研究。

（2）由于各地经济发展水平不同、对农村新型城镇化的期许不同，以及物价水平的差异，使农村居民就地市民化成本存在一定的差异，不能拿"一把尺子"去衡量各地不同的情况。当然，由于测算的方法、分析问题视角的不同，即使是同一地区，也会存在不同的结果。

附　录

主要数据

1. 全国主要指标数据

附表1　　　　　全国历年主要指标（一）　　　　　单位：万人

年份	总人口	总从业人数	第一产业从业人数	第二产业从业人数	第三产业从业人数	农村从业人数
1978	96259.00	40125.00	28318.00	6945.00	4890.00	30638.00
1979	97542.00	41024.00	28634.00	7214.00	5177.00	31025.00
1980	98705.00	42361.00	29122.00	7707.00	5532.00	31836.00
1981	100072.00	43725.00	29777.00	8003.00	5945.00	32672.00
1982	101654.00	45295.00	30859.00	8346.00	6090.00	33867.00
1983	103008.00	46436.00	31151.00	8679.00	6606.00	34690.00
1984	104357.00	48197.00	30868.00	9590.00	7739.00	35968.00
1985	105851.00	49873.00	31130.00	10384.00	8359.00	37065.00
1986	107507.00	51282.00	31254.00	11216.00	8811.00	37990.00
1987	109300.00	52783.00	31663.00	11726.00	9395.00	39000.00
1988	111026.00	54334.00	32249.00	12152.00	9933.00	40067.00
1989	112704.00	55329.00	33225.00	11976.00	10129.00	40939.00
1990	114333.00	64749.00	38914.00	13856.00	11979.00	47708.00
1991	115823.00	65491.00	39098.00	14015.00	12378.00	48026.00
1992	117171.00	66152.00	38699.00	14355.00	13098.00	48291.00
1993	118517.00	66808.00	37680.00	14965.00	14163.00	48546.00
1994	119850.00	67455.00	36628.00	15312.00	15515.00	48802.00
1995	121121.00	68065.00	35530.00	15655.00	16880.00	49025.00

续表

年份	总人口	总从业人数	第一产业从业人数	第二产业从业人数	第三产业从业人数	农村从业人数
1996	122389.00	68950.00	34820.00	16203.00	17927.00	49028.00
1997	123626.00	69820.00	34840.00	16547.00	18432.00	49039.00
1998	124761.00	70637.00	35177.00	16600.00	18860.00	49021.00
1999	125786.00	71394.00	35768.00	16421.00	19205.00	48982.00
2000	126743.00	72085.00	36043.00	16219.00	19823.00	48934.00
2001	127627.00	72797.00	36399.00	16234.00	20165.00	48674.00
2002	128453.00	73280.00	36640.00	15682.00	20958.00	48121.00
2003	129227.00	73736.00	36204.00	15927.00	21605.00	47506.00
2004	129988.00	74264.00	34830.00	16709.00	22725.00	46971.00
2005	130756.00	74647.00	33442.00	17766.00	23439.00	46258.00
2006	131448.00	74978.00	31941.00	18894.00	24143.00	45348.00
2007	132129.00	75321.00	30731.00	20186.00	24404.00	44368.00
2008	132802.00	75564.00	29923.00	20553.00	25087.00	43461.00
2009	133450.00	75828.00	28890.00	21080.00	25857.00	42506.00
2010	134091.00	76105.00	27931.00	21842.00	26332.00	41418.00
2011	134735.00	76420.00	26594.00	22544.00	27282.00	40506.00
2012	135404.00	76704.00	25773.00	23241.00	27690.00	39602.00
2013	136072.00	76977.00	24171.00	23170.00	29636.00	38737.00
2014	136782.00	77253.00	22790.00	23099.00	31364.00	37943.00
2015	137462.00	77451.00	21919.00	22693.00	32839.00	37041.00

资料来源：《中国统计年鉴（2016）》。

附表2　　　　　　　　全国历年主要指标（二）　　　　　　单位：万人

年份	乡镇企业从业人数	私营企业从业人数（乡村）	个体从业人数	城镇从业人数	城镇从事农业的劳动力人数
1978	2827.00	0.00	0.00	9514.00	830.00
1979	2909.00	0.00	0.00	9999.00	799.00
1980	3000.00	0.00	0.00	10525.00	788.00
1981	2970.00	0.00	0.00	11053.00	797.00
1982	3113.00	0.00	0.00	11428.00	797.00

续表

年份	乡镇企业从业人数	私营企业从业人数（乡村）	个体从业人数	城镇从业人数	城镇从事农业的劳动力人数
1983	3235.00	0.00	0.00	11746.00	801.00
1984	5208.00	0.00	0.00	12229.00	787.00
1985	6979.00	0.00	0.00	12808.00	777.00
1986	7937.00	0.00	0.00	13293.00	784.00
1987	8805.00	0.00	0.00	13783.00	792.00
1988	9545.00	0.00	0.00	14267.00	789.00
1989	9367.00	0.00	0.00	14390.00	782.00
1990	9265.00	113.00	1491.00	17041.00	780.00
1991	9609.00	116.00	1616.00	17465.00	769.00
1992	10625.00	134.00	1728.00	17861.00	758.00
1993	12345.00	187.00	2010.00	18262.00	708.00
1994	12017.00	316.00	2551.00	18653.00	680.00
1995	12862.00	471.00	3054.00	19040.00	660.00
1996	13508.00	551.00	3308.00	19922.00	617.00
1997	13050.00	600.00	3522.00	20781.00	612.00
1998	12537.00	737.00	3855.00	21616.00	546.00
1999	12704.09	968.92	3826.67	22412.00	518.84
2000	12820.00	1138.59	2933.88	23151.00	494.39
2001	13086.00	1187.10	2629.03	24123.00	458.46
2002	13287.71	1410.63	2474.12	25159.00	430.48
2003	13573.00	1753.97	2259.57	26230.00	484.54
2004	13866.00	2023.52	2065.88	27293.00	466.07
2005	14272.00	2365.63	2122.83	28389.00	446.26
2006	14680.11	2632.02	2147.19	29630.00	435.25
2007	15090.00	2672.00	2187.00	30953.00	426.31
2008	15451.00	2780.00	2166.97	32103.00	410.09
2009	15588.00	3062.64	2340.83	33322.00	373.68
2010	15892.56	3346.67	2540.06	34687.00	375.74
2011	—	3442.00	2718.00	35914.00	359.50
2012	—	3739.00	2986.00	37102.00	338.90

续表

年份	乡镇企业从业人数	私营企业从业人数（乡村）	个体从业人数	城镇从业人数	城镇从事农业的劳动力人数
2013	—	4279.00	3193.00	38240.00	294.80
2014	—	4533.00	3575.00	39310.00	284.60
2015	—	5215.00	3882.00	40410.00	270.00

资料来源：《中国统计年鉴（2016）》。

附表3　　　　　　　全国历年主要指标（三）　　　　　　单位：亿元

年份	国内生产总值	第一产业产值	第二产业产值	第三产业产值
1978	3678.70	1018.50	1755.20	905.10
1979	4100.50	1259.00	1925.40	916.10
1980	4587.60	1359.50	2204.70	1023.40
1981	4935.80	1545.70	2269.10	1121.10
1982	5373.40	1761.70	2397.70	1214.00
1983	6020.90	1960.90	2663.00	1397.00
1984	7278.50	2295.60	3124.80	1858.10
1985	9098.90	2541.70	3886.50	2670.70
1986	10376.20	2764.10	4515.20	3096.90
1987	12174.60	3204.50	5274.00	3696.20
1988	15180.40	3831.20	6607.40	4741.80
1989	17179.70	4228.20	7300.90	5650.60
1990	18872.90	5017.20	7744.30	6111.40
1991	22005.60	5288.80	9129.80	7587.00
1992	27194.50	5800.30	11725.30	9668.90
1993	35673.20	6887.60	16473.10	12312.60
1994	48637.50	9471.80	22453.10	16712.50
1995	61339.90	12020.50	28677.50	20641.90
1996	71813.60	13878.30	33828.10	24107.20
1997	79715.00	14265.20	37546.00	27903.80
1998	85195.50	14618.70	39018.50	31558.30
1999	90564.40	14549.00	41080.90	34934.50
2000	100280.10	14717.40	45664.80	39897.90

续表

年份	国内生产总值	第一产业产值	第二产业产值	第三产业产值
2001	110863.10	15502.50	49660.70	45700.00
2002	121717.40	16190.20	54105.50	51421.70
2003	137422.00	16970.20	62697.40	57754.40
2004	161840.20	20904.30	74286.90	66648.90
2005	187318.90	21806.70	88084.40	77427.80
2006	219438.50	23317.00	104361.80	91759.70
2007	270232.30	27788.00	126633.60	115810.70
2008	319515.50	32753.20	149956.60	136805.80
2009	349081.40	34161.80	160171.70	154747.90
2010	413030.30	39362.60	191629.80	182038.00
2011	489300.60	46163.10	227038.80	216098.60
2012	540367.40	50902.30	244643.30	244821.90
2013	595244.40	55329.10	261956.10	277959.30
2014	643974.00	58343.50	277571.80	308058.60
2015	685505.80	60870.50	280560.30	344075.00

资料来源：《中国统计年鉴（2016）》。

附表4　　　　全国历年主要指标（四）　　　单位：千公顷、元

年份	耕地面积	城镇居民人均可支配收入	农村居民纯收入	城镇单位就业人员平均工资—农业	CPI（1978=100）	人均GDP
1978	—	343.40	133.60	470.00	100.00	385.00
1979	—	387.00	160.20	528.00	—	423.00
1980	—	477.60	191.30	616.00	109.50	468.00
1981	—	491.90	223.40	637.00	—	497.00
1982	—	526.60	270.10	661.00	—	533.00
1983	—	564.00	309.80	691.00	—	588.00
1984	—	651.20	355.30	770.00	—	702.00
1985	—	739.10	397.60	878.00	131.10	866.00
1986	96229.90	899.60	423.80	1048.00	—	973.00
1987	95888.70	1002.20	462.60	1143.00	—	1123.00

续表

年份	耕地面积	城镇居民人均可支配收入	农村居民纯收入	城镇单位就业人员平均工资—农业	CPI（1978=100）	人均GDP
1988	95721.80	1181.40	544.90	1280.00	—	1378.00
1989	95656.00	1375.70	601.50	1389.00	—	1536.00
1990	95656.00	1510.20	686.31	1541.00	216.40	1663.00
1991	95653.60	1700.60	708.60	1652.00	223.80	1912.00
1992	95425.80	2026.60	784.00	1828.00	238.10	2334.00
1993	95101.40	2577.40	921.60	2042.00	273.10	3027.00
1994	94906.70	3496.20	1221.00	2819.00	339.00	4081.00
1995	94973.90	4283.00	1577.70	3522.00	396.90	5091.00
1996	130039.20	4838.90	1926.10	4050.00	429.90	5898.00
1997	129903.10	5160.30	2090.10	4311.00	441.90	6481.00
1998	129642.10	5425.10	2162.00	4528.00	438.40	6860.00
1999	129205.50	5854.00	2210.30	4832.00	432.20	7229.00
2000	128243.10	6280.00	2253.40	5184.00	434.00	7942.00
2001	127612.80	6859.60	2366.40	5741.00	437.00	8717.00
2002	125929.60	7702.80	2475.60	6398.00	433.50	9506.00
2003	123392.20	8472.20	2622.20	6884.00	438.70	10666.00
2004	123392.20	9421.60	2936.40	7497.00	455.80	12487.00
2005	123392.20	10493.00	3254.90	8207.00	464.00	14368.00
2006	121775.90	11759.50	3587.04	9269.00	471.00	16738.00
2007	121775.90	13785.80	4140.36	10847.00	493.60	20505.00
2008	121716.10	15780.80	4760.62	12560.00	522.70	24121.00
2009	135284.60	17174.70	5153.17	14356.00	519.00	26222.00
2010	135268.30	19109.40	5919.01	16717.00	536.10	30876.00
2011	135238.60	21809.80	6977.29	19469.00	565.00	36403.00
2012	135158.40	24564.70	7916.58	22687.00	579.70	40007.00
2013	135163.40	26955.10	9429.60	25820.00	594.80	43852.00
2014	135057.30	28843.90	10488.90	26862.00	606.70	47203.00
2015	134998.70	31194.80	11421.70	28869.00	615.20	49992.00

资料来源：《中国统计年鉴（2016）》。

附表5　　　　　　　　　全国历年主要指标（五）

年份	城镇人口（万人）	农村人口（万人）	城镇单位就业人员平均工资（元）	农用机械总动力（万千瓦）	全社会固定资产投资（亿元）	每十万人中接受高等教育人数（人）
1978	17245.00	79014.00	615.00	11749.90	—	89.00
1979	18495.00	79047.00	668.00	13379.19	—	—
1980	19140.00	79565.00	762.00	14745.75	910.90	116.00
1981	20171.00	79901.00	772.00	15679.76	961.00	—
1982	21480.00	80174.00	798.00	16614.21	1230.40	—
1983	22274.00	80734.00	826.00	18022.10	1430.10	—
1984	24017.00	80340.00	974.00	19497.22	1832.90	—
1985	25094.00	80757.00	1148.00	20912.50	2543.20	161.00
1986	26366.00	81141.00	1329.00	22950.00	3120.60	—
1987	27674.00	81626.00	1459.00	24836.00	3791.70	—
1988	28661.00	82365.00	1747.00	26575.00	4753.80	—
1989	29540.00	83164.00	1935.00	28067.00	4410.40	—
1990	30195.00	84138.00	2140.00	28707.70	4517.00	180.00
1991	31203.00	84620.00	2340.00	29388.60	5594.50	176.00
1992	32175.00	84996.00	2711.00	30308.40	8080.10	186.00
1993	33173.00	85344.00	3371.00	31816.60	13072.30	214.00
1994	34169.00	85681.00	4538.00	33802.50	17042.10	234.00
1995	35174.00	85947.00	5500.00	36118.10	20019.30	240.00
1996	37304.00	85085.00	6210.00	38546.90	22913.50	247.00
1997	39449.00	84177.00	6470.00	42015.60	24941.10	257.00
1998	41608.00	83153.00	7479.00	45207.70	28406.20	273.00
1999	43748.00	82038.00	8346.00	48996.12	29854.70	328.00
2000	45906.00	80837.00	9371.00	52573.61	32917.70	439.00
2001	48064.00	79563.00	10870.00	55172.10	37213.50	563.00
2002	50212.00	78241.00	12422.00	57929.85	43499.90	703.00
2003	52376.00	76851.00	13969.00	60386.54	55566.60	863.00
2004	54283.00	75705.00	15920.00	64027.91	70477.43	1420.00
2005	56212.00	74544.00	18200.00	68397.85	88773.61	1613.00
2006	58288.00	73160.00	20856.00	72522.12	109998.16	1816.00

续表

年份	城镇人口（万人）	农村人口（万人）	城镇单位就业人员平均工资（元）	农用机械总动力（万千瓦）	全社会固定资产投资（亿元）	每十万人中接受高等教育人数（人）
2007	60633.00	71496.00	24721.00	76589.56	137323.94	1923.62
2008	62403.00	70399.00	28898.00	82190.41	172828.40	2041.66
2009	64512.00	68938.00	32244.00	87496.10	224598.77	2128.36
2010	66978.00	67113.00	36539.00	92780.48	278121.85	2188.95
2011	69079.00	65656.00	41799.00	97734.70	311485.10	2253.00
2012	71182.00	64222.00	46769.00	102559.00	374694.70	2335.00
2013	73111.00	62961.00	51483.00	103906.80	446294.10	2418.00
2014	74916.00	61866.00	56360.00	108056.60	512020.70	2488.00
2015	77116.00	60346.00	62029.00	111728.10	561999.80	2524.00

资料来源：《中国统计年鉴（2016）》。

2. 一年期贷款利率（年均，计算值）

附表6　　　　　　　　　一年期贷款利率　　　　　　　　单位：%

年份	贷款利率	年份	贷款利率
1989	11.34	2003	5.31
1990	9.36	2004	5.58
1991	8.64	2005	5.58
1992	8.64	2006	6.12
1993	10.98	2007	7.47
1994	10.98	2008	5.31
1995	12.06	2009	5.31
1996	10.08	2010	5.81
1997	8.64	2011	6.56
1998	6.39	2012	6.00
1999	5.85	2013	6.00
2000	5.85	2014	5.60
2001	5.85	2015	4.35
2002	5.31		

资料来源：凤凰财经网宏观数据，http://app.finance.ifeng.com/data/mac/dkll.php。

3. 历年汇率

附表7　历年美元兑人民币汇率（人民币/美元，根据每日汇率平均）

年份	汇率	年份	汇率	年份	汇率
1978	168.40	1991	532.30	2004	827.68
1979	155.50	1992	551.60	2005	818.61
1980	149.80	1993	576.20	2006	797.18
1981	170.50	1994	851.49	2007	760.39
1982	189.30	1995	834.63	2008	694.52
1983	197.60	1996	831.26	2009	683.10
1984	232.00	1997	828.97	2010	676.95
1985	293.70	1998	827.90	2011	645.88
1986	345.30	1999	827.83	2012	631.25
1987	372.20	2000	827.84	2013	619.32
1988	372.20	2001	827.70	2014	614.28
1989	376.50	2002	827.70	2015	622.84
1990	478.30	2003	827.71		

资料来源：凤凰财经网宏观数据，http：//app.finance.ifeng.com/hq/rmb/list.php。

4. 2015年主要国家城市化率和人均GDP

附表8　　2015年主要国家城市化率和人均GDP　　单位：美元、%

地区	人均GDP	城市化率	地区	人均GDP	城市化率
阿鲁巴	—	0.42	科特迪瓦	1469.73	0.54
阿富汗	620.06	0.27	喀麦隆	1469.64	0.54
安哥拉	3728.99	0.44	刚果（金）	411.28	0.42
阿尔巴尼亚	4524.64	0.57	刚果（布）	2925.53	0.65
安道尔共和国	41765.92	0.85	哥伦比亚	7446.19	0.76
阿拉伯联合酋长国	40753.84	0.86	科摩罗	769.48	0.28
阿根廷	10498.58	0.92	佛得角	3362.21	0.66
亚美尼亚	3935.29	0.63	哥斯达黎加	9296.00	0.77
美属萨摩亚	9884.11	0.87	古巴	6444.98	0.77

续表

地区	人均GDP	城市化率	地区	人均GDP	城市化率
安提瓜和巴布达	12771.77	0.24	库拉索	—	0.89
澳大利亚	55017.06	0.89	开曼群岛	—	1.00
奥地利	47905.52	0.66	塞浦路斯	20252.57	0.67
阿塞拜疆	6117.03	0.55	捷克共和国	21381.73	0.73
布隆迪	226.53	0.12	德国	45412.58	0.75
比利时	45052.35	0.98	吉布提	—	0.77
贝宁	827.84	0.44	多米尼克	6738.66	0.70
布基纳法索	645.37	0.30	丹麦	59967.80	0.88
孟加拉国	971.64	0.34	多米尼加共和国	6562.77	0.79
保加利亚	7612.02	0.74	阿尔及利亚	4759.59	0.71
巴林	22436.21	0.89	厄瓜多尔	5352.88	0.64
巴哈马	27198.91	0.83	阿拉伯埃及共和国	2665.35	0.43
波斯尼亚和黑塞哥维那	5190.29	0.40	厄立特里亚	—	—
白俄罗斯	6398.69	0.77	西班牙	30532.35	0.80
伯利兹	4482.50	0.44	爱沙尼亚	17733.96	0.68
百慕大	—	1.00	埃塞俄比亚	487.29	0.19
玻利维亚	2392.98	0.69	芬兰	45151.49	0.84
巴西	11351.55	0.86	斐济	4211.06	0.54
巴巴多斯	15998.05	0.31	法国	41642.29	0.80
文莱达鲁萨兰国	32661.86	0.77	法罗群岛	—	0.42
不丹	2628.19	0.39	密克罗尼西亚联邦	2838.87	0.22
博茨瓦纳	7308.76	0.57	加蓬	9598.44	0.87
中非共和国	314.93	0.40	英国	41536.88	0.83
加拿大	50303.76	0.82	格鲁吉亚	3973.22	0.54
瑞士	76472.44	0.74	加纳	1684.73	0.54
智利	14893.87	0.90	直布罗陀	—	1.00
中国	6496.62	0.56	几内亚	723.87	0.37
冈比亚	536.41	0.60	圣卢西亚	8270.71	0.19
几内亚比绍共和国	564.73	0.49	列支敦士登	—	0.14
赤道几内亚	14001.60	0.40	斯里兰卡	3648.23	0.18
希腊	22648.80	0.78	莱索托	1338.54	0.27

续表

地区	人均GDP	城市化率	地区	人均GDP	城市化率
格林纳达	8406.77	0.36	立陶宛	15383.46	0.67
格陵兰	46738.06	0.86	卢森堡	107648.61	0.90
危地马拉	3069.04	0.52	拉脱维亚	14284.29	0.67
关岛	32119.65	0.95	圣马丁（法属）	—	—
圭亚那	3684.92	0.29	摩洛哥	3258.25	0.60
洪都拉斯	2102.38	0.55	摩纳哥	—	1.00
克罗地亚	14088.08	0.59	摩尔多瓦	1980.27	0.45
海地	728.06	0.59	马达加斯加	410.19	0.35
匈牙利	14629.24	0.71	马尔代夫	8105.54	0.46
印度尼西亚	3827.55	0.54	墨西哥	9717.93	0.79
马恩岛	84046.14	0.52	马绍尔群岛	3315.19	0.73
印度	1758.84	0.33	马其顿王国	5104.78	0.57
爱尔兰	67229.24	0.63	马里	726.25	0.40
伊朗伊斯兰共和国	6007.01	0.73	马耳他	25342.02	0.95
伊拉克	5336.66	0.69	缅甸	1342.26	0.34
冰岛	46221.93	0.94	黑山	7279.89	0.64
以色列	32993.28	0.92	蒙古国	3923.63	0.72
意大利	33968.72	0.69	北马里亚纳群岛	14919.64	0.89
牙买加	4740.64	0.55	莫桑比克	510.79	0.32
约旦	3297.89	0.84	毛里塔尼亚	1306.65	0.60
日本	47163.46	0.93	毛里求斯	9468.94	0.40
哈萨克斯坦	10617.46	0.53	马拉维	483.63	0.16
肯尼亚	1107.99	0.26	马来西亚	10745.06	0.75
吉尔吉斯斯坦	1021.16	0.36	纳米比亚	6120.75	0.47
柬埔寨	1024.87	0.21	新喀里多尼亚	—	0.70
基里巴斯	1696.47	0.44	尼日尔	388.32	0.19
圣基茨和尼维斯	15469.21	0.32	尼日利亚	2562.52	0.48
大韩民国	24870.75	0.82	尼加拉瓜	1878.20	0.59
科威特	35053.66	0.98	荷兰	51410.51	0.90
老挝	1556.67	0.39	挪威	90104.14	0.80
黎巴嫩	7189.63	0.88	尼泊尔	690.08	0.19

续表

地区	人均GDP	城市化率	地区	人均GDP	城市化率
利比里亚	367.48	0.50	瑙鲁	9143.67	1.00
利比亚	6073.41	0.79	新西兰	37038.75	0.86
阿曼	16957.85	0.78	斯威士兰	3923.89	0.21
巴基斯坦	1140.21	0.39	圣马丁（荷属）	—	1.00
巴拿马	10747.84	0.67	塞舌尔	13187.61	0.54
秘鲁	5937.28	0.79	阿拉伯叙利亚共和国	—	0.58
菲律宾	2615.66	0.44	特克斯科斯群岛	—	0.92
帕劳	10577.58	0.87	乍得	962.66	0.22
巴布亚新几内亚	2402.54	0.13	多哥	545.58	0.40
波兰	14642.10	0.61	泰国	5739.76	0.50
波多黎各	27501.61	0.94	塔吉克斯坦	925.62	0.27
朝鲜民主主义人民共和国	—	0.61	土库曼斯坦	6693.94	0.50
葡萄牙	22016.83	0.63	东帝汶	3009.15	0.33
巴拉圭	3822.86	0.60	汤加	3694.46	0.24
约旦河西岸和加沙	2541.32	0.75	特立尼达和多巴哥	16824.67	0.08
法属波利尼西亚	—	0.56	突尼斯	4270.87	0.67
卡塔尔	67277.20	0.99	土耳其	13898.81	0.73
罗马尼亚	9639.38	0.55	图瓦卢	3459.78	0.60
俄罗斯联邦	11507.26	0.74	坦桑尼亚	811.59	0.32
卢旺达	714.39	0.29	乌干达	654.14	0.16
南亚	1603.96	0.33	乌克兰	2684.21	0.70
沙特阿拉伯	21507.97	0.83	乌拉圭	13859.41	0.95
苏丹	1881.90	0.34	美国	51933.43	0.82
塞内加尔	1052.96	0.44	乌兹别克斯坦	1851.47	0.36
新加坡	52785.35	1.00	圣文森特和格林纳丁斯	6579.12	0.51
所罗门群岛	1482.19	0.22	委内瑞拉玻利瓦尔共和国	—	0.89
塞拉利昂	437.17	0.40	英属维尔京群岛	—	0.46
萨尔瓦多	3333.95	0.67	美属维京群岛	29389.06	0.95
圣马力诺	52476.97	0.94	越南	1651.24	0.34
索马里	—	0.40	瓦努阿图	2823.71	0.26
塞尔维亚	5663.39	0.56	萨摩亚	3555.06	0.19

续表

地区	人均 GDP	城市化率	地区	人均 GDP	城市化率
南苏丹	—	0.19	科索沃	3802.05	—
圣多美和普林西比	1260.63	0.65	也门共和国	674.86	0.35
苏里南	8627.53	0.66	南非	7575.18	0.65
斯洛伐克共和国	18678.97	0.54	赞比亚	1618.46	0.41
斯洛文尼亚	23731.17	0.50	津巴布韦	933.50	0.32
瑞典	55395.01	0.86			

资料来源：世界银行网站，http：//data.worldbank.org.cn/。

5. 我国城市化率和人均 GDP

附表9　　　　我国历年城市化率和人均 GDP　　　单位：%、美元

年份	城市化率	人均 GDP	年份	城市化率	人均 GDP	年份	城市化率	人均 GDP
1960	16.20	191.79	1979	18.62	326.77	1998	33.87	1542.06
1961	16.71	140.91	1980	19.36	347.89	1999	34.87	1645.99
1962	17.23	131.96	1981	20.12	361.22	2000	35.88	1771.74
1963	17.76	142.02	1982	20.90	387.75	2001	37.09	1905.61
1964	18.30	163.99	1983	21.55	423.59	2002	38.43	2065.72
1965	18.09	187.27	1984	22.20	481.36	2003	39.78	2258.91
1966	17.92	201.52	1985	22.87	538.69	2004	41.14	2472.59
1967	17.79	185.08	1986	23.56	578.18	2005	42.52	2738.21
1968	17.66	172.91	1987	24.26	635.49	2006	43.87	3069.30
1969	17.53	196.74	1988	24.97	695.60	2007	45.20	3487.85
1970	17.40	228.32	1989	25.70	713.69	2008	46.54	3805.03
1971	17.29	237.81	1990	26.44	730.77	2009	47.88	4142.04
1972	17.18	240.88	1991	27.31	787.87	2010	49.23	4560.51
1973	17.18	253.71	1992	28.20	888.91	2011	50.57	4971.54
1974	17.29	254.27	1993	29.10	1000.61	2012	51.89	5336.06
1975	17.40	271.60	1994	30.02	1118.50	2013	53.17	5721.69
1976	17.46	263.23	1995	30.96	1227.56	2014	54.41	6108.24
1977	17.52	279.32	1996	31.92	1335.36	2015	55.61	6496.62
1978	17.90	307.77	1997	32.88	1443.77			

资料来源：世界银行网站，http：//data.worldbank.org.cn/（人均 GDP 为 2010 年不变价美元）。

农民工市民化实现度调查问卷

填涂方式：根据实际情况在相应的选项上打"√"，示例：您的性别：A. √男 B. 女

一　被调查者基本信息

1. 调查地点：省市［填空题］_____

2. 您的性别：A. 男 B. 女

3. 您的年龄（周岁）：

A. 16—25　　　　　B. 26—30　　　　　C. 31—40

D. 41—50　　　　　E. 51—60　　　　　F. 60 以上

4. 您的婚姻状况：

A. 未婚　　　　　　B. 已婚　　　　　　C. 离婚

D. 丧偶

5. 原居住地（来源地）：省市（县）［填空题］_____

6. 您的户籍地：

A. 农村　　　　　　　B. 由农村迁入城市

7. 您已连续在该城市工作的时间：

A. 1 年　　　　　　B. 2 年　　　　　　C. 3 年

D. 4 年　　　　　　E. 5 年　　　　　　F. 6 年

G. 7 年及以上

二　经济条件

1. 您目前从事工作的行业：

A. 制造业 B. 建筑业 C. 批发零售业

D. 交通运输、仓储和邮政业 E. 住宿和餐饮业

F. 居民服务和其他服务业

2. 您目前从事工作的月平均工资大约是：

A. 2000 元以下 B. 2000—3000 元 C. 3000—4000 元

D. 4000—5000 元 E. 5000—6000 元 F. 6000 元以上

3. 您觉得自己现有的收入在原居住地属于哪种水平？

A. 中等偏上 B. 中等 C. 中等偏下

D. 下等

4. 您月平均消费大约在：

A. 500 元以下 B. 500—1000 元 C. 1000—1500 元

D. 1500—2000 元 E. 2000—2500 元 F. 2500 元以上

5. 您在务工城市参加了哪些社会保险？〔多选题〕

A. 工伤保险 B. 医疗保险 C. 养老保险

D. 生育保险 E. 失业保险 F. 以上都未参加

（选择 F 的请回答第 6、7 题；否则跳至第 8 题）

6. 您没有参加社会保险的原因是什么？

A. 没有钱 B. 不了解相关信息 C. 没人组织

D. 认为难以兑现 E. 其他原因

7. 您在原居住地参加了哪些保险？〔多选题〕

A. 农村养老保险 B. 农村医疗保险 C. 其他

D. 以上都未参加

8. 您目前在务工地的居住形式：

A. 自购房 B. 出租房 C. 单位宿舍

D. 亲戚朋友家 E. 单位公棚或自搭简易房 F. 其他

9. 您在原居住地城镇是否有自己的住房？

A. 是 B. 否

三 政治参与

1. 您是否参加了所在单位工会组织、党团组织或社区党团组织？

A. 是（请跳至第 3 题） B. 否

2. 您在原居住地是否参加了工会组织、党团组织？

A. 是　　　　　　　　B. 否

3. 您是否参加了务工单位或城市的选举？

A. 是（请跳至第5题）B. 否

4. 您是否参加了原居住地所在地区的选举？

A. 是　　　　　　　　B. 否

5. 您平时关注时事新闻吗？

A. 非常关注　　　　　B. 经常关注　　　　　C. 有时关注

D. 偶然关注　　　　　E. 不关注

四　社会关系

1. 您与务工城市居民关系如何？

A. 交往甚多、关系融洽　　　B. 交往较多、关系尚可

C. 交往一般、关系一般　　　D. 交往较少、无多大关系

E. 无交往、无关系

2. 您在原居住地，定居在当地城镇的亲友多吗？

A. 很多　　　　　　　B. 比较多　　　　　　C. 一般

D. 比较少　　　　　　E. 基本没有

3. 您认为在务工城市生活中是否受到当地人的歧视？

A. 是　　　　　　　　B. 否

4. 当您在务工城市遇到困难或困惑时，一般会咨询、求助谁？

A. 本地人　　　　　　B. 政府部门、居住社区居委会

C. 工作单位　　　　　D. 亲戚或老乡　　　　E. 其他

五　文化素质

1. 您的受教育程度为：

A. 没有读过书　　　　B. 小学　　　　　　　C. 初中

D. 高中/中专/职业高中E. 大专

F. 大学本科或以上

2. 您入职前是否参加过就业培训？

A. 是　　　　　　　　B. 否

3. 您是否取得过各类职业技能资格证书或职称？

A. 初级工（国家职业资格五级）

B. 中级工（国家职业资格四级）

C. 高级工（国家职业资格三级）

D. 技师（国家职业资格二级）

E. 高级技师（国家职业资格一级）

F. 初级职称

G. 中级职称

H. 高级职称

I. 没有

六　市民化意愿

1. 您为什么离开家乡来这里工作？主要原因是：［多选题］

A. 农村没有发展机会

B. 为了挣钱养家

C. 受亲戚朋友外出打工的影响

D. 向往城市生活

E. 让孩子有条件接受更好的教育

F. 其他

2. 您对目前的生活状况满意吗？

A. 非常满意　　　　B. 比较满意　　　　C. 基本满意

D. 比较不满意　　　E. 非常不满意

3. 您渴望获得务工城市的户籍吗？

A. 非常渴望　　　　B. 比较渴望　　　　C. 无所谓

D. 不太渴望　　　　E. 不渴望

（选择 D、E 的请回答第 4 题；否则跳至第 5 题）

4. 您不想获得务工城市户籍的原因是：［多选题］

A. 城市生活成本高、压力大

B. 农村和城镇户口差别不大

C. 想保留家中土地承包权

D. 准备在原居住地城镇定居

E. 准备定居在其他城市

F. 其他

5. 如果给您城镇户口,您是否愿意放弃农村的承包地?

A. 愿意　　　　　　　B. 不愿意　　　　　　C. 不知道

6. 您觉得自己是"城市人"吗?

A. 是　　　　　　　　B. 否　　　　　　　　C. 说不清楚

7. 您未来的去向:

A. 留在务工城市　　　B. 回到原居住地农村

C. 回到原居住地城镇　D. 不知道,没想过

E. 其他

8. 您做出 7 题中选择的原因是:[填空题]

农民工城市融入情况调查问卷

一 被调查者基本信息

1. 当前工作地点：_____省_____市［填空题］
2. 您的性别：A. 男　　B. 女
3. 您的年龄（周岁）：A. 16—25　B. 26—30　C. 31—40　D. 41—50　E. 51—60　F. 61 以上
4. 原居住地（来源地）：_____省_____市（县）［填空题］
5. 您的户籍地：A. 农村　B. 由农村迁入城市
6. 您的婚姻状况：A. 无对象，未婚　B. 有对象，未婚　C. 已婚　D. 离婚　E. 丧偶
7. 您的配偶（或对象）现在何处？
   A. 老家务农
   B. 在本市和我一起工作，不和我同住
   C. 在本市其他单位工作，不和我同住
   D. 在本市和我一起工作，且和我同住
   E. 在本市其他单位工作，且和我同住
   F. 在其他城市工作
   G. 其他
8. 您的受教育程度为：
   A. 小学以下　　　　　B. 小学　　　　　C. 初中
   D. 高中/中专/职业高中　E. 大专　　　　　F. 大学本科或以上
9. 您的身体状况：A. 很健康　B. 健康　C. 一般　D. 不太健康

E. 很不健康

二 经济融入

1. 您目前从事工作的行业：

   A. 制造业　　　　　　B. 建筑业　　　　　　C. 批发零售业

   D. 交通运输、仓储和邮政业　　　　　　E. 住宿和餐饮业

   F. 居民服务和其他服务业

2. 您目前的工作单位性质：

   A. 国有企业　　　　　B. 民营企业　　　　　C. 外资或合资企业

   D. 政府机关事业单位　　E. 自主创业　　　　　F. 其他

3. 您目前从事工作的月平均工资大约是：

   A. 2000 元以下　　　　B. 2000—4000 元　　　C. 4000—6000 元

   D. 6000—8000 元　　　E. 8000—10000 元　　　F. 10000 元以上

4. 您已连续在该城市工作的时间：

   A. 1 年　　　　　　　B. 2 年　　　　　　　C. 3 年

   D. 4 年　　　　　　　E. 5 年　　　　　　　F. 6 年

   G. 7 年及以上

5. 您近三年换过几份工作？ A. 没有换过　B. 1 次　C. 2 次　D. 3 次　E. 4 次或更多

6. 您换工作的主要原因：（可多选）

   A. 工资低、待遇差　　　　　　B. 与同事、领导有矛盾

   C. 工作结束或单位倒闭　　　　D. 自己不适应工作环境

   E. 被裁员或辞退　　　　　　　F. 其他

7. 您是否与公司（或老板）签订劳动合同？

   A. 签了　　　　　　　B. 没签

8. 您获得当前工作的途径：

   A. 政府组织　　　　　B. 报纸等媒体的招聘广告

   C. 熟人介绍　　　　　D. 中介服务组织

   E. 网络招聘　　　　　F. 自己寻找

9. 您入职前是否参加过就业培训？

   A. 是　　　　　　　　B. 否

10. 您是否取得过各类职业技能资格证书或职称？

　　A. 初级工（国家职业资格五级）

　　B. 中级工（国家职业资格四级）

　　C. 高级工（国家职业资格三级）

　　D. 技师（国家职业资格二级）

　　E. 高级技师（国家职业资格一级）

　　F. 初级职称

　　G. 中级职称

　　H. 高级职称

　　I. 没有

11. 您在务工城市参加了哪些社会保险？（可多选）

　　A. 工伤保险　　　　B. 医疗保险　　　　C. 养老保险

　　D. 生育保险　　　　E. 失业保险　　　　F. 农村养老保险

　　G. 农村合作医疗保险　　H. 以上都已参加　　I. 以上均未参加

（选择 I 的请回答第 12 题，选择其他选项的第 12 题不用填）

12. 您没有参加社会保险的原因是什么？（可多选）

　　A. 没有钱　　　　　B. 不了解相关信息　　C. 没人组织

　　D. 认为难以兑现　　E. 其他

13. 您目前在务工地的居住形式：

　　A. 自购房　　　　　B. 出租房　　　　　C. 单位宿舍

　　D. 亲戚朋友家　　　E. 单位公棚或自搭简易房

　　F. 政府提供的廉租房　G. 其他

三　社会融入

1. 您参加过的社区活动有：（可多选）

　　A. 没参加过任何活动　　B. 防火活动　　　　C. 治安巡逻

　　D. 选举活动　　　　　　E. 文体娱乐活动　　F. 志愿者活动

　　G. 募捐活动　　　　　　H. 献血活动　　　　I. 其他

2. 如果您没有参加过社区活动，主要原因是：（可多选）

　　A. 社区不邀请我们参加　B. 不知道社区有什么活动

　　C. 没时间　　　　　　　D. 没兴趣

3. 您是否加入了本单位或其他的工会组织？

　　A. 是　　　　　　　　B. 否

4. 与您同城就业的同村人人数_____；您朋友圈中本地人的数量_____［填空题］

5. 您与同城就业同村人的交往频率_____；您月均去当地人家做客的次数_____：

　　A. 0 次/月　　　　　　B. 1—2 次/月　　　　C. 3—4 次/月

　　D. 4 次以上/月

6. 您与当地人关系融洽程度_____；您与单位职工相处的融洽程度_____：

　　A. 很不好　　　　　　B. 不好　　　　　　C. 一般

　　D. 较好　　　　　　　E. 很好

7. 您如果需要日常帮助，如借东西，会向谁求助？

　　A. 亲戚或老乡　　　　B. 居住社区居委会　　C. 邻居

　　D. 进城认识的农民工　E. 其他

8. 当您遇到困难或困惑时，一般会咨询、求助谁？

　　A. 本地朋友　　　　　B. 政府部门　　　　　C. 居住社区居委会

　　D. 工作单位　　　　　E. 亲戚或老乡

　　F. 进城认识的农民工　G. 其他

9. 您到该城市打工的主要原因是：（可多选）

　　A. 城市经济收入高于农村　　B. 寻找发展机会

　　C. 增长见识　　　　　　　　D. 学习技术

　　E. 家庭其他成员已在该城市　　F. 容易成为市民

　　G. 距离比较近　　　　　　　H. 有相关的优惠政策

　　I. 其他

10. 您有几个孩子？

　　A. 没有　　　　　　　B. 1 个　　　　　　C. 2 个

　　D. 3 个或以上

11. 您的孩子在哪里上学？

　　A. 全部在城里公办学校　　　B. 全部在城里民工子弟学校

　　C. 全部在家乡公办学校　　　D. 全部在家乡私立学校

E. 有的城里上学，有的老家上学　　F. 失学

G. 未到上学年龄

12. 您认为目前对于进城农民工子女就学存在不平等现象吗？

A. 存在　　　　　　　　B. 不存在　　　　　　　C. 不清楚

四　心理文化融入

1. 您的工作地方言程度如何？

A. 会说　　　　　　　　　　　B. 能听懂，但不会说

C. 听懂一点　　　　　　　　　D. 听不懂

2. 您在工作地的业余生活方式有：（可多选）

A. 看电视/电影/录像　　　　　B. 逛街/逛公园

C. 下棋/打牌/打麻将　　　　　D. 找亲戚朋友聊天

E. 参加社区活动　　　　　　　F. 上网/玩游戏

G. 参加培训或学习　　　　　　H. 看书报杂志等

I. 其他

3. 您每周参与业余文化生活的频率：

A. 0 次　　　　　　　B. 1—3 次　　　　　　C. 4—6 次

D. 7 次及以上

4. 休闲活动时，您会跟哪些人在一起（如吃饭、喝酒、打牌等）？

A. 亲戚、家人　　　　　　　　B. 老乡

C. 进城认识的农民工　　　　　D. 本地人

E. 其他

5. 在日常生活中，您是否会按本地风俗习惯办事？

A. 不知道　　　　　　　　　　B. 从不遵守

C. 仅仅与本地人交往时才遵守　D. 完全遵守

6. 您是否信任当地人：

A. 非常不信任　　　　B. 不太信任　　　　C. 一般

D. 比较信任　　　　　E. 非常信任

7. 您是否愿意与当地人交往：

A. 坚决不愿意　　　　B. 不太愿意　　　　C. 无所谓

D. 比较愿意　　　　　E. 非常愿意

8. 您觉得在与当地人交往过程中是否存在困难?
   A. 是　　　　　　　　B. 否　　　　　　　　C. 不清楚
9. 歧视感知:

	A. 是	B. 否	C. 不清楚
工作招聘过程中是否被歧视			
工作中别人对你是否有歧视			
生活中当地人对你是否有歧视			
子女就学过程中是否被歧视			

10. 您觉得目前适应城市生活了吗?
    A. 非常不适应　　　B. 比较不适应　　　C. 基本适应
    D. 比较适应　　　　E. 非常适应
11. 您对下列问题的整体评价(针对每一项,在您认为合适的地方打"√")

	A. 很不满意	B. 不满意	C. 一般	D. 满意	E. 很满意
生活水平					
居住状况					
工作内容					
工资水平					
社会保障					
业余文化生活					
子女教育水平					

五　身份融入

1. 您对自己的身份定位是?
   A. 城市人　　　　　　B. 半个城市人　　　　C. 农村人
   D. 说不清楚
2. 您是否希望获得城市户籍?
   A. 希望　　　　　　　B. 无所谓　　　　　　C. 不希望
3. 您准备落户的城市为:

A. 务工城市　　　　　　B. 务工省份的其他城市
C. 原居住地所在城市　　D. 其他

4. 您未来的去向：

A. 留在该城市买房子，安家立业

B. 回到当地的乡镇或县城

C. 去其他城市（下一步打算去哪个城市，为什么）_____

D. 不知道，没想过

5. 您认为自己能否融入城市？

A. 非常难　　　　　　B. 比较难　　　　　　C. 一般
D. 较容易　　　　　　E. 非常容易

农村居民就地市民化调查问卷

一　调查点信息

村委会，村民小组负责人，联系电话，被调查农户编号

二　家庭户基本信息

	人口数⟵⟶人	性别结构	男：　　人	女：　　人	
人口	非劳动力	学龄前儿童　　人			
		小学生　　人；就近入学　　人，镇上入读　　人，其他　　人			
		初中生　　人；镇上入读　　人，其他　　人			
		高中生　　人；大学生　　人；研究生　　人			
	劳动力	16—25岁	26—30岁	31—40岁	41—50岁	51—60岁
		文盲　　人，小学　　人，初中　　人，高中　　人，大专及以上　　人			
	养老	60岁以上　　人；养老靠自己　　人，靠儿女　　人，靠政府　　人			
土地	宅基地		亩	外地购房	□有：A. 本镇；B. 外地　　□无
	承包地		承包地面积　　亩；已实现土地流转　　亩，流转期限　　年，年租金平均为　　元/亩			
外出	外出务工	家庭	A. 夫妻携子女一同外出；B. 夫妻外出、子女留守；C. 其他		
		留守	A. 老人独守；B. 老人儿童同守；C. 其他		
	陪读家庭		□是　□否	陪读地点	□镇上　□镇外	A. 父母陪；B. 祖父母；C. 其他

三 调查说明

入户调查，调查对象以家庭中一位主要劳动力（或户主）为主，其他家庭成员的意见作为参考；若村民小组负责人能够准确回答的项目，则无须村民作答，尽量减少调查中产生的误差。

入户调查表

1. 被调查者性别：A. 男　　B. 女
2. 您的婚姻状况：A. 未婚　B. 已婚，有配偶　C. 离婚　D. 丧偶
3. 您接受教育的程度为：

    A. 文盲　　　　　　B. 小学　　　　　　C. 初中

    D. 高中（含中专、技校）　　　　　　E. 大专及以上

4. 您的年龄为：

    A. 16—25 岁　　　B. 26—30 岁　　　C. 31—40 岁

    D. 41—50 岁　　　E. 51—60 岁　　　F. 60 岁以上

5. 在农村生活，您最不满意的是：可多选，按重要程度排序_____

    A. 收入水平　　　B. 居住状况　　　C. 社会保险

    D. 医疗条件　　　E. 劳动环境　　　F. 子女教育

    G. 权益保障　　　H. 技能培训　　　I. 计生服务

    J. 其他

6. 家庭中有来往密切的城镇居民或直系亲属为国有企业、事业单位、国家行政机关的正式工作人员（以户或人为单位）

    A. 0　　　　　　　B. 1　　　　　　　C. 2

    D. 3　　　　　　　E. 4 或以上

7. 家庭的主要收入来源：

    A. 本地务农（跳答至问题 8）

    B. 外出务工（跳答至问题 9）

    C. 本地打零工

    D. 个体工商户

    E. 其他_____

8. 若问题 7 中选择 "A" 项，则继续问：

（1）务农收入占家庭总收入的比重为：A. 50%—80%　B. 80% 以上

（2）您（家中务农收入来源者）是否愿意学习一项新的技术，从事新的工作？

A. 愿意

B. 不愿意（若选此项，继续下一小项提问）

（3）您认为"不愿意"的理由是：

A. 喜欢农活

B. 年龄大、坚持不下来

C. 担心学了之后没什么用

D. 没有钱去学习（若免费，是否愿意？　□是　□否）

E. 其他

9. 若问题 7 中选择 "B" 项，则继续问：

（1）务工收入占家庭总收入的比重为：A. 50%—80%　B. 80% 以上

（2）您（家中外出务工收入来源者，本题中下同）一年内外出的时间在：

A. 3 个月以下　　　B. 3—6 个月　　　C. 6—9 个月

D. 9—12 个月

（3）您连续外出务工的时间在：

A. 1 年　　　　　　B. 2 年　　　　　　C. 3 年

D. 4 年　　　　　　E. 5 年　　　　　　F. 6 年

G. 7 年及以上

（4）您"外出务工"的地点在：

A. 本镇　　　　　B. 本市其他乡镇　　C. 本省其他市

D. 外省市

（5）您现从事行业为：

A. 制造业　　　　　　　　　　B. 建筑业

C. 交通运输、仓储和邮政业　　D. 批发零售业

E. 住宿餐饮业　　　　　　　　F. 居民服务和其他服务业

（6）在您务工过程中，是否接受过用工培训？

A. 有　　　　　　　　B. 没有

（7）您从业身份为：

A. 普通打工者　　　　B. 雇主　　　　　　　C. 管理者

D. 其他

（8）在您打工的经历中，一共更换过几种完全不同工作？

A. 0 次　　　　　　　B. 1 次　　　　　　　C. 2 次

D. 3 次　　　　　　　E. 4 次　　　　　　　F. 5 次及以上

（9）您以后的打算是：

A. 完全不打算回农村　　　　　B. 尽量留城市，实在不行再回农村

C. 赚够钱就回农村　　　　　　D. 有就业机会就回农村

E. 说不清

10. 家庭年人均纯收入：

A. 3000 元以下　　　B. 3000—4000 元　　　C. 4000—5000 元

D. 5000—6000 元　　E. 6000—7000 元　　　F. 7000—8000 元

G. 8000—9000 元　　H. 9000—10000 元　　I. 10000—15000 元

J. 15000—20000 元　K. 20000—30000 元　　L. 30000 元以上

11. 家庭人均存款：

A. 1000 元以下　　　B. 1000—3000 元　　　C. 3000—5000 元

D. 5000—7000 元　　E. 7000—9000 元　　　F. 9000—11000 元

G. 11000—13000 元　H. 13000 元以上

12. 您对目前的居住条件是否满意？

A. 非常满意　　　　　B. 满意　　　　　　　C. 一般

D. 不满意　　　　　　E. 很不满意

13. 若政府通过宅基地或承包地等有偿置换方式，在镇上提供住房，您愿意搬迁吗？

A. 愿意（跳答至问题 14）　　　B. 不愿意（跳答至问题 15）

C. 说不清（跳答至问题 14）

14. 若问题 13 中选择"A"或"C"项，则继续问：

（1）您最希望在您搬迁过程中政府为您做什么？可多选并排序：_____

A. 提供保障住房　　B. 提高收入水平　　C. 改善社会保险

D. 改善医疗条件　　E. 改善工作和生活环境

F. 改善子女教育　　G. 加强权益保障　　H. 提高职业技能

I. 解决就业问题　　J. 其他

（2）进入镇上生活，您最担心问题的是：

A. 不能适应镇上生活方式　　B. 不能与镇上居民友好相处

C. 镇上生活成本太高　　　　D. 失去赖以生存的土地

E. 其他

（3）您最希望的"承包地"处置方式是：

A. 保留承包地自家耕种　　B. 保留承包地有偿流转

C. 入股分红　　　　　　　D. 无偿放弃

E. 有偿放弃换取镇上住房　F. 其他

（4）您最希望的"宅基地"处置方式是：

A. 复耕作为自家耕地　　　B. 有偿放弃换取镇上住房

C. 无偿放弃　　　　　　　D. 有偿转让

E. 其他

（5）离开承包地后，您最想继续做的工作是：

A. 继续务农　　　　　　　B. 本镇务工

C. 外出务工　　　　　　　D. 说不清

15. 若问题 13 中选择"B"项，则继续问：

（1）您不愿意搬迁的理由是：（可多选）

A. 舍不得离开老宅子　　　B. 舍不得离开乡亲

C. 舍不得丢下耕种的土地　D. 在镇上找不到合适的工作

E. 镇上的环境差、污染重　F. 不能适应镇上的生活方式

G. 其他

（2）若政府帮助您在镇上修建新宅子、打造宜居的居住环境，您愿意搬迁吗？

A. 愿意　　　　　B. 不愿意　　　　C. 说不清

（3）若您的亲戚、邻居与您一起搬迁，您愿意吗？

A. 愿意　　　　　B. 不愿意　　　　C. 说不清

（4）若政府通过土地流转的方式，让您每年在您的承包地上获得

一定的收益,并能实现在镇上或附近实现就业,您愿意搬迁吗?
  A. 愿意   B. 不愿意   C. 说不清
  (5)若搬迁至附近农村新社区,您是否愿意?
  A. 愿意   B. 不愿意   C. 说不清

参考文献

[1] 敖璟荟：《农民工市民化成本及分担方式研究》，硕士学位论文，江西大学，2014年。

[2] 白海琦、刘义臣、孙飞：《新农村建设背景下农村剩余劳动力转移研究——以河北省为例》，《经济与管理》2012年第6期。

[3] 蔡昉：《劳动力迁移的两个过程及其制度障碍》，《社会学研究》2001年第4期。

[4] 蔡昉：《中国二元经济与劳动力配置的跨世纪调整》，《浙江社会科学》2000年第5期。

[5] 蔡昉：《中国就业统计的一致性：事实和政策涵义》，《中国人口科学》2004年第3期。

[6] 蔡昉、王德文：《作为市场化的人口流动——第五次全国人口普查数据分析》，《中国人口科学》2003年第5期。

[7] 曹钢、何磊：《第三阶段城镇化模式在中国的实践与创新》，《经济学动态》2011年第2期。

[8] 陈书伟、李永杰：《农村还有多少有待转移的劳动力——对民工荒悖论的解释》，《云南财经大学学报》2013年第6期。

[9] 陈映芳：《"农民工"制度安排与身份认同》，《社会学研究》2005年第3期。

[10] 程必定、江世龙：《城市农民工是中国工人阶级的一部分》，《学术界》2003年第2期。

[11] 段成荣：《省际人口迁移迁入地选择的影响因素分析》，《人口研究》2001年第1期。

［12］段平忠：《我国人口流动对区域经济增长收敛效应的影响》，《人口与经济》2008 年第 4 期。

［13］范红忠：《我国农村劳动力转移过程的成本分析》，《农村经济》2006 年第 3 期。

［14］高双、高景璐：《我国农村劳动力外出务工的动力分析》，《人口学刊》2012 年第 3 期。

［15］辜胜阻：《提升中小城市人口聚集功能的战略思考》，《现代城市研究》2013 年第 5 期。

［16］顾修林：《借鉴法国农村城市化进程经验推动中国城乡一体化》，《全球科技经济瞭望》2013 年第 1 期。

［17］管荣开：《我国农业劳动力需要与剩余的研究》，《农业技术经济》1986 年第 8 期。

［18］眭海霞、陈俊江：《新型城镇化背景下成都市农业转移人口市民化成本分担机制研究》，《农村经济》2015 年第 2 期。

［19］国家统计局：《2015 年全国农民工监测调查报告》，国家统计局网，National Bureau of Statistics。

［20］国家统计局农调总队社区处：《关于农村剩余劳动力的定量分析》，《国家行政学院学报》2002 年第 2 期。

［21］郭星华、储卉娟：《从乡村到都市：融入与隔离——关于民工与城市居民社会距离的实证研究》，《江海学刊》2004 年第 3 期。

［22］韩纪江：《一种测算农村剩余劳动力的简便方法》，《统计研究》2002 年第 1 期。

［23］杭琍、赵连章：《新型城镇化进程中县级政府的角色定位》，《当代世界与社会主义》2013 年第 6 期。

［24］郝团虎、姚慧琴：《中国劳动力市场结构与农村剩余劳动力转移》，《经济理论与经济管理》2012 年第 4 期。

［25］贺汉魂、皮修平：《农民工概念的辩证思考》，《求实》2006 年第 5 期。

［26］何军：《差异视角下农民工城市融入的影响因素分析——基于分位数回归方法》，《中国农村经济》2011 年第 6 期。

［27］侯风云：《中国农村劳动力剩余规模估计及外流规模影响因素的

实证分析》,《中国农村经济》2004年第3期。

［28］侯鸿翔、王媛、樊茂勇:《中国农村隐性失业问题研究》,《中国农村观察》2000年第5期。

［29］胡枫:《中国农村劳动力转移的研究:一个文献综述》,《浙江社会科学》2007年第1期。

［30］胡奇:《土地流转对农村剩余劳动力数量影响的研究》,《人口与经济》2012年第5期。

［31］黄侦、黄小兵、包力:《群体异质性视角下农民工社会融合比较研究》,《宏观经济研究》2015年第5期。

［32］黄祖辉、钱文荣、毛迎春:《进城农民在城镇生活的稳定性及市民化意愿》,《中国人口科学》2004年第2期。

［33］计翔翔:《近代法国城市化初探》,《世界历史》1992年第5期。

［34］纪晓岚:《英国城市化历史过程分析与启示》,《华东理工大学学报》(社会科学版)2004年第2期。

［35］贾宪威、楚晓琳:《农村剩余劳动力转移研究——以四川省为例》,《农村经济》2010年第6期。

［36］简新华、黄锟:《中国工业化和城市化过程中的农民工问题研究》,人民出版社2008年版。

［37］蒋乃华、封进:《农村城市化进程中的农民意愿考察——对江苏的实证分析》,《管理世界》2002年第2期。

［38］姜义昌、丁晓辉、邢治斌:《基于Probit模型的农村劳动力转移程度研究——以山西忻州为例》,《经济与管理评论》2013年第5期。

［39］姜作培:《从战略高度认识农民市民化》,《山东经济》2003年第2期。

［40］金维刚、石秀印:《中国农民工政策研究》,社会科学文献出版社2016年版。

［41］赖作莲、王健康、罗丞等:《农民工市民化实现度的区域差异与影响因素——基于陕西5市的调查》,《农业现代化研究》2015年第5期。

［42］李斌、吴书胜、朱业:《农业技术进步、新型城镇化与农村剩余

劳动力转移——基于"推拉理论"和省际动态面板数据的实证研究》，《财经论丛》2015 年第 10 期。

[43] 李长生、李学坤、戴波等：《云南省农民工市民化成本测算及分担机制研究》，《云南农业大学学报》2015 年第 6 期。

[44] 李长鑫：《新生代农民工市民化实现度指标体系探究》，《知识经济》2013 年第 19 期。

[45] 李峰、王新霞、袁晓燕：《改革前我国农业发展对经济增长的影响研究及其启示》，《财经论丛》2011 年第 2 期。

[46] 李鹤、李学坤、张榆琴：《内蒙古农民工市民化成本模型构建及测算》，《当代经济》2016 年第 20 期。

[47] 李华燊、付强：《新型农村社区：城镇化道路的新探索》，《中国行政管理》2013 年第 7 期。

[48] 李辉、刘春艳：《日本与韩国城市化及发展模式分析》，《现代日本经济》2008 年第 4 期。

[49] 李培林、李炜：《农民工在中国转型中的经济地位和社会态度》，《社会学研究》2007 年第 3 期。

[50] 李圣军：《城镇化模式的国际比较及其对应发展阶段》，《改革》2013 年第 3 期。

[51] 李实、罗楚亮：《中国收入差距究竟有多大？——对修正样本结构偏差的尝试》，《经济研究》2011 年第 4 期。

[52] 李实：《中国经济转轨中劳动力流动模型》，《经济研究》1997 年第 1 期。

[53] 李实：《中国农村劳动力流动与收入增长和分配》，《中国社会科学》1999 年第 2 期。

[54] 李彦、李开宇、王垒：《基于城市社会——生活空间理论的农民工城市融入测度研究》，《江西农业学报》2014 年第 10 期。

[55] 李亦楠、邱红：《新型城镇化过程中农村剩余劳动力转移就业研究》，《人口学刊》2014 年第 6 期。

[56] 李中建：《我国农民工政策变迁：脉络、挑战与展望》，《经济学家》2011 年第 2 期。

[57] 林涵碧：《城镇化进程中政府的职能作用》，《城市发展研究》

2006 年第 1 期。

［58］刘传江：《当代中国农民发展及其面临的问题》，《人口与计划生育》2004 年第 11 期。

［59］刘传江、程建林、董延芳：《中国第二代农民工研究》，山东人民出版社 2009 年版。

［60］刘传江、周玲：《社会资本与农民工的城市融合》，《人口研究》2004 年第 4 期。

［61］刘洪银：《新生代农民工内生性市民化与公共成本估算》，《云南财经大学学报》2013 年第 4 期。

［62］刘建娥：《农民工融入城市的影响因素及对策分析——基于五大城市调查的实证研究》，《云南大学学报》（社会科学版）2011 年第 4 期。

［63］刘劲飞：《延安地区农村剩余劳动力数量分析》，《甘肃农业》2008 年第 1 期。

［64］刘世定、王汉生、孙立平：《政府对外来农民工的管理——"广东外来农民工考察"报告之三》，《管理世界》1995 年第 6 期。

［65］刘松林、黄世为：《我国农民工市民化进程指标体系的构建与测度》，《统计与决策》2014 年第 13 期。

［66］刘正鹏：《农村剩余劳动力估计及其方法——兼与管荣开同志探讨》，《农业技术经济》1987 年第 1 期。

［67］陆成林：《新型城镇化过程中农民化工市民化成本测算》，《财经问题研究》2014 年第 7 期。

［68］陆学艺：《农民工问题要从根本上治理》，《特区实践与理论》2003 年第 7 期。

［69］马明、孙正林：《基于灰色模糊评价法对新生代农民工城市融入程度的评价及分析》，《经济师》2014 年第 2 期。

［70］马侠：《74 城镇人口迁移调查回顾——兼论代表性选点与概率抽样相结合的调查方法》，《人口研究》1999 年第 1 期。

［71］马用浩、张登文、马昌伟：《新生代农民工及其市民化问题初探》，《求实》2006 年第 4 期。

［72］毛哲山：《从职业城市化到人的城市化——我国农民工城市社会

融入研究阶段和问题综述》,《中国社会科学院研究生学报》2013年第1期。

[73] 糜韩杰:《对农村剩余劳动力统计方法——直接计算法的修正》,《人口研究》2008年第6期。

[74] 穆昕:《举家进城农民工融入城市问题的实证研究——以北京市为例》,硕士学位论文,首都经济贸易大学,2011年。

[75] 聂伟、风笑天:《农民工的城市融入与精神健康——基于珠三角外来农民工的实证调查》,《南京农业大学学报》(社会科学版)2013年第5期。

[76] 潘爱民、韩正龙、阳路平:《快速城市化地区农户迁居意愿研究——基于"长株潭"城市群农户的问卷调查》,《湖南科技大学学报》2010年第4期。

[77] 潘家华、魏后凯:《中国城市发展报告》第6册,社会科学文献出版社2013年版。

[78] 齐国友、周爱萍、曾赛星:《2004—2020年中国农村农业剩余劳动力预测及对策》,《东北农业大学学报》2005年第5期。

[79] 钱纳里、塞尔昆:《发展的模式:1950—1970》,经济科学出版社1989年版。

[80] 秦震:《论中国政府主导型城镇化模式》,《华南师范大学学报》(社会科学版)2013年第3期。

[81] 任娟娟:《新生代农民工水平及影响因素研究——以西安市为例》,《兰州学刊》2012年第3期。

[82] 申兵:《我国农民工市民化的内涵、难点及对策》,《中国软科学》2011年第2期。

[83] 申兵:《"十二五"时期农民工市民化成本测算及其分担机制构建》,《发展研究》2012年第19期。

[84] 訾凤鸣:《我国农民工市民化问题研究》,硕士学位论文,河南农业大学,2010年。

[85] 宋淑丽、齐伟娜:《基于多元线性回归的农村剩余劳动力转移研究——以黑龙江省为例》,《农业技术经济》2014年第4期。

[86] 孙鸿志:《拉美城镇化及其对我国的启示》,《财贸经济》2007年

第 12 期。
- [87] 孙友然、江游、贾愚：《江苏省农村剩余劳动力的估量方法与实证研究》，《安徽农业科学》2007 年第 32 期。
- [88] 唐娜：《贵州省农村剩余劳动力规模测算实证研究》，《农机化研究》2005 年第 5 期。
- [89] 田凯：《关于农民工城市适应性的调查与思考》，《人口学刊》1996 年第 4 期。
- [90] 童雪敏、晋洪涛、史清华：《农民工城市融入：人力资本和社会资本视角的实证研究》，《经济经纬》2012 年第 5 期。
- [91] 王诚：《中国就业转型：从隐蔽失业、就业不足到效率型就业》，《经济研究》1996 年第 5 期。
- [92] 王春光：《农民工：一个正在崛起的新工人阶层》，《学习与探索》2005 年第 1 期。
- [93] 汪冬梅：《日本、美国城市化比较及其对我国的启示》，《中国农村经济》2003 年第 9 期。
- [94] 王国辉：《基于农户净收益最大化的宏观乡城迁移模型》，《中国社会科学》2006 年第 2 期。
- [95] 王桂新：《中国区域经济发展水平及差异与人口转移关系之研究》，《人口与经济》1997 年第 1 期。
- [96] 王桂新、沈建法、刘建波：《中国城市农民工市民化研究——以上海为例》，《人口与发展》2008 年第 1 期。
- [97] 王海英、梁波：《中国城镇化：历史道路、制度根源与国际经验》，《科学发展》2014 年第 65 期。
- [98] 王红玲：《我国农业隐性失业的统计测算》，《数量经济技术经济研究》1998 年第 1 期。
- [99] 王检贵、丁守海：《中国究竟还有多少农业剩余劳动力》，《中国社会科学》2005 年第 5 期。
- [100] 王蒲劬：《政治学基础》，北京大学出版社 2008 年版。
- [101] 王炜、孙蚌珠：《劳动力供需对劳动密集型制造业增长的影响分析——基于 1996—2011 年的数据》，《工业技术经济》2014 年第 3 期。

[102] 王玉玫：《建立健全城镇农民工社会保障制度的构想》，《中央财经大学学报》2003 年第 12 期。

[103] 王章辉：《近代英国城市化初探》，《历史研究》1992 年第 4 期。

[104] 王竹林、吕俊涛：《农民工市民化政策演进的实质和路径选择》，《农业经济与管理》2014 年第 4 期。

[105] 魏后凯、苏红键：《中国农业转移人口市民化进程研究》，《中国人口科学》2013 年第 5 期。

[106] 吴江、王斌、申丽娟：《中国新型城镇化进程中的地方政府行为研究》，《中国行政管理》2009 年第 3 期。

[107] 吴维平、王汉生：《寄居大都市：京沪两地流动人口住房现状分析》，《社会学研究》2002 年第 3 期。

[108] 吴兴陆：《农民工定居性迁移决策的影响因素实证研究》，《人口与经济》2005 年第 1 期。

[109] 吴秀敏、林坚、刘万利：《城市化进程中西部地区农户的迁移意愿分析》，《中国农村经济》2005 年第 4 期。

[110] 夏兴园、赵明岚：《农村潜在劳动力剩余标准及其就业出路》，《长沙理工大学学报》（社会科学版）2004 年第 3 期。

[111] 谢振东：《国外和台湾地区城镇化的典型模式及其启示》，《国家行政学院学报》2013 年第 3 期。

[112] 邢来顺：《德国工业化时期的城市化及其特点》，《首都师范大学学报》（社会科学版）2005 年第 6 期。

[113] 许和连、赵德昭：《农村剩余劳动力转移的收敛性分析》，《农业技术经济》2012 年第 2 期。

[114] 徐君、张娜、王育红：《国外城镇化建设模式及对中国的启示》，《工业技术经济》2014 年第 4 期。

[115] 徐涛：《我国农村服务业对农村劳动力的就业吸纳效应研究》，《改革与战略》2016 年第 12 期。

[116] 薛翔：《企业内农民工工作满意度影响因素分析——基于湖南、黑龙江、浙江三省的实证研究》，《科技和产业》2007 年第 2 期。

[117] 姚波、覃正、柴国荣：《二元劳动力市场下的人口流动模型及其

政策含义》,《西安交通大学学报》(社会科学版)2003年第2期。

[118] 杨继军、马野青:《农村剩余劳动力:理论阐释、数量匡算与经验分析》,《中国经济问题》2011年第9期。

[119] 杨涛、徐坡:《陕西省农村剩余劳动力测算及实证研究》,《地下水》2011年第9期。

[120] 杨云彦:《劳动力流动、人力资本转移与区域政策》,《人口研究》1999年第5期。

[121] 杨云彦:《中国人口迁移的规模测算与强度分析》,《中国社会科学》2003年第6期。

[122] 姚毅:《我国农民工市民化成本测算及分摊机制设计》,《财经科学》2015年第7期。

[123] 于开红:《农村剩余劳动力转移与经济增长的实证研究》,《中国劳动》2016年第6期。

[124] 张斐:《新生代农民工市民化现状及影响因素分析》,《人口研究》2011年第6期。

[125] 张海波:《农村剩余劳动力转移对全要素生产率的影响研究》,《统计与决策》2016年第22期。

[126] 张建丽、李雪铭、张力:《新生代农民工市民化进程与空间分异研究》,《中国人口·资源与环境》2011年第3期。

[127] 张玉鹏:《解决新生代农民工"半市民化"困境的对策分析》,《经济研究导刊》2015年第2期。

[128] 赵德昭、许和连:《FDI、农业技术进步与农村剩余劳动力转移——基于"合力模型"的理论与实证研究》,《科学学研究》2012年第9期。

[129] 詹玲、亚森:《农民工市民化:城乡和谐的着力点》,《中国党政干部论坛》2005年第4期。

[130] 赵立新:《社会资本与农民工市民化》,《社会主义研究》2006年第4期。

[131] 赵秋成:《农村剩余劳动力定量分析的一个模型》,《江苏统计》2000年第1期。

[132] 赵亚男:《农民工人力资本、社会资本与社会融合》,硕士学位论文,山西师范大学,2014年。

[133] 赵耀辉:《中国农村劳动力流动及教育在其中的作用——以四川省为基础的研究》,《经济研究》1997年第2期。

[134] 赵耀辉、刘启明:《中国城乡迁移的历史研究:1949—1985》,《中国人口科学》1997年第2期。

[135] 郑功成:《农民工的权益与社会保障》,《中国党政干部论坛》2002年第8期。

[136] 中国农民工问题研究总报告起草组:《中国农民工问题研究总报告》,《改革》2006年第5期。

[137] 周密:《新生代农民工市民化程度的测度及其影响因素》,博士学位论文,沈阳农业大学,2013年。

[138] 周密、张广胜、黄利:《新生代农民工市民化实现度的测量》,《农业技术经济》2012年第1期。

[139] 周天勇:《托达罗模型的缺陷及其相反的政策含义》,《经济研究》2001年第3期。

[140] 周晓津:《中国城乡富余劳动力的供给边界与规模测度》,《改革》2008年第9期。

[141] 朱力:《从流动人口的精神文化生活看城市适应》,《河海大学学报》(哲学社会科学版)2005年第3期。

[142] Barro, R. J. and Sala–i–Martin X., "Convergence", *Journal of Political Economy*, Vol. 100, No. 2, 1992, pp. 223–251.

[143] Bogue, D. J., *Principles of Demography*, New York: John Wiley and Sons Inc., 1969, pp. 1–90.

[144] Fei, C. H. and Rains, G., "A Theory of Economic Development", *American Economic Review*, Vol. 51, No. 4, 1961, p. 533–565.

[145] Lewis, W. A., "Economic Development with Unlimited Supplies of Labor", *Manchester School*, No. 22, 1954, pp. 139–191.

[146] Todaro, M. P., "A Model for Labor Migration and Urban Unenployment in Less Developed Countries", *The American Economics Review*, Vol. 59, No. 1, 1969, pp. 138–148.